매일묵상집

허드슨 테일러의 유산

이 도서의 국립중앙도서관 출판예정도서목록(CIP)은 서지정보유통지원시스템 홈페이지(http://seoji.nl.go.kr)와 국가자료공동목록시스템(http://www.nl.go.kr/kolisnet)에서 이용하실 수 있습니다.(CIP제어번호: CIP2017002020)

Hudson Taylor's Legacy
Daily Readings

Selected and Edited by Marshall Broomhall

Copyright ⓒ by the Overseas Missionary Fellowship
1st printing: 1931(by China Inland Mission); This Edition:1974
All Rights Reserved

Daily Readings

Hudson Taylor's Legacy
매일묵상집

허드슨 테일러의 유산

마셜 브룸홀 엮음
·
최태희 옮김

RODEM BOOKS omf

매일 묵상집

허드슨 테일러의 유산

1판 1쇄 발행 2017년 3월 5일

엮은이 마셜 브룸홀
옮긴이 최태희
표지디자인 권승린
본문디자인 최인경

발행처 로뎀북스
발행인 최태희
등록 2012년 6월 13일 (제331-2012-000007호)
주소 부산광역시 남구 황령대로 319번가길 190-6, 101-2102
전화·팩스 051-467-8984
이메일 rodembooks@naver.com

ISBN 978-89-98012-27-4 03230

목차

1

메시지의 유산
The Legacy of His message

1일 … 형제들과 같이 되심
2일 … 모든 사람의 종
3일 … '너희 안에 이 마음을 품으라'
4일 … 성공의 비결 1
5일 … 성공의 비결 2
6일 … 영의 과학 1
7일 … 영의 과학 2
8일 … 영의 과학 3
9일 … 성육신에서 배우는 교훈
10일 … 사도의 모범 1
11일 … 사도의 모범 2
12일 … 누가 실패자였는가?
13일 … 하나님의 소유와 다스리심 1
14일 … 하나님의 소유와 다스리심 2
15일 … 하나님의 소유와 다스리심 3
16일 … 하나님의 소유와 다스리심 4
17일 … 하나님의 소유와 다스리심 5
18일 … 하나님의 소유와 다스리심 6
19일 … 가난한 자 보살피기
20일 … 능력의 원천
21일 … 당신은 무엇을 소원하는가?
22일 … 가지 치는 하나님의 칼
23일 … 하나님께 구별하여 드림
24일 … 각기 직임대로
25일 … 즐거이 자원하여 드리는 헌물
26일 … 농부이신 하나님 아버지의 방법
27일 … 그리스도 안에 거하기
28일 … 그리스도 안에 거하는 방법
29일 … 하나님의 뜻 1
30일 … 하나님의 뜻 2

2

삶의 유산
The Legacy of His Life

1일 … 하나님의 신실하심을 붙들라
2일 … 하나님을 믿으라
3일 … 자기 부인과 자기주장
4일 … 이를 위하여 너희가 부르심을 받았으니

5일 … 주는 것이 더 복되다
6일 … 그리스도 안에 거하기
7일 … 그리스도 안에 거하는 방법
8일 … 중단 없는 기쁨
9일 … 온전한 신뢰
10일 … 오직 하나님뿐
11일 … 그리스도를 얻기 위해
12일 … 격려의 말씀
13일 … 하나님의 배지
14일 … 그의 온전하심같이
15일 … 하나님의 능력
16일 … 하나님의 더 나은 응답
17일 … 왕에게 나온 결과
18일 … 온전한 상
19일 … 복된 형통 1
20일 … 복된 형통 2
21일 … 복된 형통 3
22일 … 복된 형통 4
23일 … 복된 형통 5
24일 … 복된 역경 1
25일 … 복된 역경 2
26일 … 복된 역경 3
27일 … 목자의 돌보심 아래에서
28일 … 그리스도 안에서 받아주심
29일 … 열매 맺는 비결
30일 … 다스리는 분

3

사역의 유산
The Legacy of His Work

1일 … '오라' 그리고 '가라'
2일 … 골짜기마다 돋우어지며
3일 … 하나님과 동역하기
4일 … 하나님의 전쟁
5일 … 광야에서 빵을
6일 … 가서 전하라
7일 … 전능하신 주가 다스린다
8일 … 유능하고 기쁜 마음으로 함께 할 사람들
9일 … 사역을 위한 힘 1
10일 … 사역을 위한 힘 2
11일 … 하나님을 아는 지식
12일 … 충족함
13일 … 하나님께 속한 것의 확실성
14일 … 영원한 하나님 나라
15일 … 금식과 기도
16일 … 하나님의 대학
17일 … 하나님의 보증
18일 … 영적 준비
19일 … 만민에게
20일 … 크게 기뻐하는 믿음
21일 … 나라가 임하시오며
22일 … 위험한 시기에
23일 … 사랑받는 그의 소유
24일 … 기록된 말씀
25일 … 신실하신 하나님

26일 … 반석과 같은 기초
27일 … 온 천하에
28일 … 위대하신 우리의 재무담당
29일 … 믿음이란 무엇인가?
30일 … 중국의 영적 필요

21일 … 유일한 참 안식
22일 … 주의 행사를 말하리라
23일 … 하나님께 드리기를 보류하는 것
24일 … 인간과 하나님의 사랑
25일 … 하나님의 전진前進 계획
26일 … 인도를 구할 때
27일 … 나의 하나님이 공급하시리라
28일 … 전적全的인 순종
29일 … 흘끗 본 하나님의 영광
30일 … 다윗의 기도

4

영원한 오늘의 지도자
The Ever-present Leader

1일 … 후견인 되신 하나님의 돌보심
2일 … 사역 중의 안식
3일 … 하나님의 은혜로우신 인도
4일 … 하나님의 위로
5일 … 왕이 공급해 주시는 것들
6일 … 한 없는 축복
7일 … 임금과 구주
8일 … 평화의 왕
9일 … 어디서?
10일 … 하나님의 축복
11일 … 아버지의 축복
12일 … 아들의 축복
13일 … 성령의 축복
14일 … 하나님의 이름
15일 … 영원의 빛 가운데
16일 … 세미하고 고요한 음성
17일 … 탕자
18일 … 구원 계획
19일 … 주님의 일터
20일 … 오직 하나님만 바라보기

1
메시지의 유산

The Legacy of His message

하나님의 말씀을 너희에게 일러 주고
너희를 인도하던 자들을 생각하라.
(히브리서 13:7)
Remember your leaders,
those who first spake God's message to you.
(Hebrews 13:7)

 메시지가 있는 사람, 그 중에서도 특히 하나님으로부터 받은 말씀이 있는 사람은 기억해 두어야 하는 사람이다. 위임 받은 말씀을 전한 사람은 기억에 남는다. 난생 처음 하나님의 복음을 들은 사람들은 그 말씀을 처음 전해 준 사람을 쉽게 잊을 수 없을 것이다. 그런데도 아마 히브리서 독자의 경우와 같이, 분명 잊어버리고 만 사람들이 있었기 때문에 이러한 권면을 했을 것이다. 또한, 복음의 메시지가 새롭지 않은 사람들은 자신들의 의무가 무엇인지 잊을 위험이 있으며, 의무가 있다는 것조차 의식하지 못할 수도 있다.
 익숙한 진리에 주의를 집중하게 하여 상상력을 자극할 수 있는 사람, 옛것에서 이전에 결코 보지 못했던 것을 우리가 볼 수 있도록 해

주는 사람은 반드시 기억해야 할 사람이다. 아마도 그의 일은 처음 복음을 전하는 일보다 더 어려울 것이다.

허드슨 테일러에게는 잦은 반복으로 둔감해진 메시지를 강조하여 드러내는 능력이 있었다. 그것은 그의 매우 뛰어난 은사였다. 상식이 되어 버린 옛 진리, 해야 할 일로 인정은 하지만 감당하지 않는 의무들, 인정하지만 그저 무시하는 사실들이 그가 이야기하면 거역할 수 없는 도전이 되어버리는 것이었다.

그는 이렇게 호소했다, '하나님께서 당신의 귀중한 진리를 우리 가슴에 새기시기를… 그것이 그저 머리로 아는 지식이나 구호가 아니라 우리의 영혼과 정신 속에 일부분이 되게 해 주시기를!'

허드슨은 둘러말하지 않고 단순하고 솔직하게 표현했다. 바울이나 시편 기자처럼 **믿는 고로 말하였다**. 다른 무엇보다도 그가 하던 말에는 하나님의 말씀에 대한 순수하고도 전적인 믿음이 배어 있었다. 성경에 기록된 것을 그대로 믿었다. 믿음을 실제로 적용하는 일을 피하지 않았다.

'하나님께서 우리가 묵상하는 것을 실제 생활로 옮기게 해 주시기를!' 또는 '하나님의 뜻을 행하려고 작정한 사람에게는 기도와 함께 하는 겸손한 묵상이 필요하다', '하나님께서 성경을 주신 의도는 우리에게 그분이 시키시는 일이 무엇인지 알고 행하도록 가르치려는 것이다'라고 예리한 관찰을 피력하기도 했다. 그의 말은 마치 바른 장소에 박힌 못과도 같았다. 허드슨은 탁상공론을 하는 사람이 아니라 스스로 실천하는 사람이었고 그렇게 가르치는 탁월한 교사였다. '언제나 되어야 주의 백성들이 하나님께서 모든 피조물에게 복음을 전하라고 하신 명령이 쓰레기통에나 넣으라고 주신 것이 아니라는 것을 깨달을 것인가?'

사람들은 부르짖음에 가까운 그러한 강력한 외침에 사로잡힐 수밖에 없었다. 동의하기가 너무 쉽기 때문에 오히려 치명적이었다. 하나님이 요구하시는 것은 순종이었다.

허드슨 테일러가 했던 설명이 가치가 있던 것은 스스로가 자신의 내면을 깊이 탐구하는 경험이 있었고, 자기가 거의 짓눌려 으깨지는 시련을 겪었으며, 자기 힘으로 감당하기 힘들었던 위기들을 헤쳐 나왔기 때문이었다.

아이작 뉴턴은 자기가 다른 사람과 유일하게 다른 점은 사물을 더 주시해서 본 것이고 그랬기 때문에 더 많은 부분을 볼 수 있었다고 했다. 우리는 눈으로만 보는 것이 아니다. 눈은 수단일 뿐이다. 문제는 무엇이 뉴턴으로 하여금 더 많이 볼 수 있게 하였냐는 것이다. 허드슨 테일러는 다른 사람보다 하나님의 말씀을 더 주목해서 보았기 때문에 말씀에서 더 많은 것을 볼 수 있었다. 하나님을 위해서 어떤 모험도 마다하지 않았고, 사람들이나 자신의 영혼에 대해서 갈증을 가지고 있었기 때문에 하나님의 말씀을 더욱 깊고도 간절하게 파고들었던 것이다.

허드슨 테일러의 성경 강해는 매우 투명하고 명쾌하다. 심오함과 단순함이 함께 들어있다. 그는 현실을 가르쳤다. 애매모호하거나 추상적일 필요가 없었다. 학문적인 이론이 아니라 고난의 용광로 속에서 녹아진 확신을 다루었다. 그가 제시하는 그림은 희미하거나 초점이 흐려진 것이 아니었다. 경험에서 나온 것이기 때문에 설득력이 있었다. 겸손한 마음으로 읽기만 하면 결코 그가 전하려는 의미를 놓칠 수가 없다.

1일

형제들과 같이 되심
MADE LIKE UNTO HIS BRETHREN

그가 범사에 형제들과 같이 되심이 마땅하도다.

(히브리서 2:17)

It behoved Him in all things

to be made like unto His brethren.

(Hebrews 2:17)

중국 사람과 같이 되어 중국인을 얻으려고 진실한 마음으로 시도해 본 사람치고 자신의 그러한 노력을 후회했다는 이야기를 나는 한 번도 들은 적이 없다. 행동과 감정을 중국인과 다르게 하면서 중국옷을 입기만 하는 것으로는 좋은 결과를 내지 못한다. 하나님의 말씀은 무엇이라고 하는가? 자신을 부르신 이에게 충성하셨던, 우리가 사도시요 대제사장이라고 고백하는 예수 그리스도께서 우리가 따라야 할 모범을 남겨 놓으셨다.

우리 주님이 이 땅에 빛의 천사로 오셨다면 틀림없이 사람들에게 더욱 큰 두려움과 경외심을 불러일으키고 더 많은 사람들을 당신의 사역자로 모집할 수 있었을 것이다. 그런데 사람들을 구원하기 위하여 그분은 그저 '사람처럼'이 아니라 바로 그 '사람'이 되셨다. 말, 의상, 죄가 되지 않는 모든 면에서 주님은 당신께서 혜택을 주시려고 했던 바로 그 사람이 되셨던 것이다. 만일 주께서 유대인이 아니라 로마 귀족으로 태어나셨다면 아마 사랑은 덜 받았어도 존경심 같은 것을 불러일으키며 명령을 하셨을 것이다. 그랬다면 그를 향해 분개하던 사람도 적었을지 모르겠다.

그러나 그것은 그분의 의도가 아니었다. 주께서는 자신을 비우셨다. 이 가난한 백성들이 주 예수의 이름과 우리 하나님의 성령으로 씻기고 거룩해지고 의롭게 되는 것을 보고 싶어서 약하고 낮은 예수님을 따라 사는 선교사를 보고 품위를 떨어뜨렸다고 할 사람은 없을 것이다. 오히려 우리는 '하늘과 땅의 모든 권세를 가지셨고, 자신이 하나님께로부터 왔으며 하나님께로 가는 사람임을 아시고, 저녁 먹던 자리에서 일어나 제자들의 발을 씻으시고 허리에 두르셨던 수건으로 닦아주셨던' 예수님을 따라 살아야겠다.

2일 모든 사람의 종
SERVANT UNTO ALL

내가 모든 사람에게서 자유로우나 스스로 모든 사람에게
종이 된 것은 더 많은 사람을 얻고자 함이라.
(고린도전서 9:19)

*Though I be free from all men, yet have I made myself
servant unto all, that I might gain the more.*
(1 Corinthians 9:19)

바울은 '나에게 사는 것이 그리스도'라고 진심어린 고백을 했는데, 그것은 주 예수의 삶에 대한 아름다운 주석이었다. 선교사 중에서도 가장 위대했던 그가 어떤 정신으로 사역을 해서 그렇게 대단한 성공을 거둘 수 있었는지를 이렇게 표현한다. "나는 모든 사람에게서 자유롭지만 스스로 모든 사람에게 종이 되었다. 그 이유는 더 많은 사람을 얻기 위해서이다. … 내가 이렇게 하는 것은 복음을 위해서이다."

편견만 없다면 여기에서 언급하는 원칙이 바르다는 것에 대해서 부연 설명을 할 필요가 없겠지만, 문제는 이것을 중국인에게 어느 정도까지 적용하겠는가 하는 것이다. 우리가 상대해야 하는 중국인은 수 세기에 걸쳐서 자신들의 습관과 관습이 우월하다는 편견을 가지고 있는 백성이다. 왕가나 백성들이 기독교에 대해서 반대하는 주된 이유는 그것이 '외국'의 종교이기 때문이고 신자를 외국과 가까워지게 하는 경향이 있기 때문이다. 개종하게 되면 어느 정도 선교사의 옷차림이나 태도에 영향을 받고, 이국적인 예배당과 종교에 관련된 모든 것에 외국의 분위기가 감돌게 되는데 이것이 진리가 중국인들 사이에 신속하게 전파되는 데에 크게 방해가 되고 있다는 생각이 든다.

그런데 왜 기독교가 그러한 외국 냄새를 풍겨야 하는가? 하나님의 말씀은 그것을 요구하지 않고, 또한 어떤 이유도 그것을 정당화할 수 없다고 생각한다. 우리가 원하는 것은 그들이 중국인이 되지 말라는 것이 아니고 기독교를 믿는 백성이 되라는 것이다. 우리는 진정으로 기독교를 믿는 중국인, 모든 면에서 뼛속 깊이 중국인인 기독교인을 보고 싶다. 중국인 목사, 중국인 사역자가 완전히 중국식의 건축 양식으로 지은 교회에서 예배를 인도하는, 중국 교회를 보고 싶은 것이다. 그것이 우리가 진정으로 소원하는 것이라면 가능한 한 바른 모범을 그들 앞에 보이자. 죄가 되지 않는 모든 면에서 중국인이 되자. 다만 몇 명의 영혼이라도 구원하기 위해서.

3일 '너희 안에 이 마음을 품으라'
'LET THIS MIND BE IN YOU'

그는 근본 하나님의 본체시나
하나님과 동등됨을 취할 것으로 여기지 아니하시고
오히려 자기를 비워 종의 형체를 가지사 (빌립보서 2:6, 7)

Who being in the form of God, counted it not
a prize to be on an equality with God,
but emptied Himself, taking the form of a servant.
(Philippians 2:6,7)

'너희가 우리 주 예수 그리스도의 은혜를 알거니와 부요하지만 너희를 위하여 가난하게 되심은 그의 가난함으로 너희를 부요하게 하려 함이라', '너희 안에 이 마음을 품으라'

그분이 무엇을 포기하셨는지 생각해 보겠는가? 하늘 보좌를 떠나서 구유 요람에 오셨다. 전능하신 힘으로 다스리며 만물을 채우시는 분이 강보에 싸인 연약한 어린 아기가 되셨다. 아버지께서 사랑하는 분으로서 감사와 이해와 천군천사의 영원한 찬양을 받으셔야 할 분이 멸시받는 나사렛 사람이 되셨고, 따르던 제자들에게 오해를 받으셨으며 축복하려던 대상에게서 의심을 받으셨다. 자기가 존재하는 것이 그분 때문인 줄도 모르는 사람들, 그분이 구원하려던 그 사람들은 오히려 그를 경시했고 거절했다. 그리고 마침내 그분은 조롱당하고 침 뱉음을 당했으며, 창에 찔리고 강도와 무법자와 함께 십자가에 찔려 못 박히셨다.

형제자매들이여, 이것을 생각한다면 우리가 얘기해 온 사소한 희생을 감당하지 못하겠다고 망설일 수 있겠는가? 우리는 여러분이 이 작은 일뿐 아니라 그리스도를 위해서 수천 가지라도 더 내려놓을 준비가 되어 있을 것이라고 믿는다. 하나님의 은혜로 주 예수께로부터 받은 사명을 위해서 여러분은 자신의 목숨을 조금도 귀한 것으로 여기지 않고 끝까지 기쁨으로 그 길을 가고 싶어 할 것으로 믿는다.

조건부로 헌신하지 말자. 우리는 그분의 것이고 이 일로 그분을 섬기기로 작정했으니 전적으로 온전히 자신을 드리자. 그러면 실망하지 않을 것이다. '이것도, 저것도, 또 다른 것도 포기해야만 하는가? 그것이 하나님의 부르심이라는 것인가?'라는 의문이 생기거나, '이렇게 궁핍하고 불편할 줄 몰랐다'는 생각을 허용하기 시작하면 여러분의 섬김을 효과적이고 성공적으로 만드는 자유와 행복이 사라질 것이다. '하나님은 즐겨 내는 자를 사랑하신다'

4일

성공의 비결 1
THE SECRET OF SUCCESS 1

지극히 높은 곳에서는 하나님께 영광이요
땅에서는 기뻐하심을 입은 사람들 중에 평화로다.

(누가복음 2:14)

Glory to God in the highest,
and on earth peace, goodwill toward men.

(Luke 2:14)

사람들이 4천 년 동안 헛되이 애쓰고 있을 때, 구세주가 오셨다. 능하신 이가 큰일을 행하셨을 때 천사들이 얼마나 기뻐했겠는가? 세상은 악한 자의 손 안에 있었다. 사탄의 승리가 거의 눈앞에 있었다. 그때 하나님께서 구원의 행동에 착수하셨다. 당신의 때에 당신의 방법으로 당신 자신의 영광을 위해서. 곧 기쁜 소식이 선포되었다. '오늘날 다윗의 동네에 너희를 위하여 구세주가 나셨으니 곧 그리스도 주시니라. 그분의 이름은 기묘자, 모사, 전능하신 하나님, 영원하신 아버지, 평강의 왕이시라'

그분은 언제 어떻게 오셨는가? 어떤 모습으로 그렇게 능력 있고 영광스러운 일을 하셨는가? 한낮에 태양이 가장 밝게 빛날 때 그 모든 빛보다 더 찬란한 광휘로 그 빛을 무색하게 하면서, 세상의 존귀한 자들이 경외심을 가지고 서로 다투어 왕을 영접하듯이 그렇게 환영을 받으며 오셨는가? 아니다! 고요한 밤에, 화려하지 않은 모습으로 그 누구의 주목도 받지 않고, 영광의 주께서 죄로 물든 세상에 마치 보이지 않는 존재처럼 가만히 오셨다.

그분이 어디에 계시냐, 유대인의 왕으로 나신 이가 어디 계시냐? 동방박사가 예루살렘에서 그를 찾았다. 위대한 이의 저택, 현자의 집, 귀족의 궁전을 찾아보라. 아니다! 그분은 그곳에 계시지 않다. 아니, 예루살렘에는 그분을 맞이할 보금자리가 없었다.

그분을 찾고 싶은가? 유대 고을 중에서도 작고 작은 베들레헴 에브라다에 가야 한다. 그곳에 가서도 말구유까지 가야만 그분을 만날 수 있다. 여관에는 그분이나 그 부모를 위한 방이 없었기 때문이다. 천사의 계시는 왕좌의 헤롯에게 허락되지 않았다.

대제사장이나 산헤드린 공회도 그 계시를 받지 못했으며, 진리를 추구하던 동방박사들에게도 계시는 주어지지 않았다. 하나님은 가난한 목자들, 밤에 양을 치던 그들에게 천사의 계시를 내려 주셨다. 지금도 힘들게 수고하는 이들이 편하고 사치한 사람들은 결코 알지 못하는 계시를 많이 받는다.

5일 성공의 비결 2
THE SECRET OF SUCCESS 2

예수께서 또 이르시되 너희에게 평강이 있을지어다.
아버지께서 나를 보내신 것 같이 나도 너희를 보내노라.
(요한복음 20:21)

Jesus therefore said to them again, Peace be unto you;
as the Father hath sent Me, even so send I you.
(John 20:21)

하늘의 천군천사는 혼돈이 아름다움으로 덮이던 그 창조의 순간 놀라며 기뻐 노래했다. 창조가 완성된 것이었다. 그런데 지금 그들이 보는 것은 그 창조주께서 친히 인간의 몸을 입고 자신을 비워 구유에 누워 계신 것이었다.

사람들은 '부요하시지만 우리를 위해서 가난하게 되신' 예수 그리스도를 보고 이전에 결코 알지 못했던 주님의 은혜를 깨달았다. 하나님의 지혜와 능력이 우리를 구원하셨다. 그런데 그 일을 위해서 지혜나 부, 지상의 고상함과 손잡지 않으시고 가장 낮은 장소를 택하셨다. 그곳이 사랑과 은혜를 주시려는 그분의 목적에 가장 부합되는 곳이라고 생각하신 것이었다.

　이러한 교훈을 배웠는가? 기꺼이 배울 마음이 있는가? '아버지가 나를 세상에 보내신 것 같이 나도 너희를 보내노라' 그와는 달리 여러분은 우리가 자주 범하는 오류, 즉 하나님의 계획을 개선해보려는 시도를 또 다시 하려는가? 그러한 시도는 당연히 늘 실패하지 않았는가? 약함과 가난의 사도적 선교 방식을 따르기 위해서는 반드시 하나님만을 전적으로 의뢰해야 하고, 그렇게 했을 때 훌륭하게 성공할 수 있었다.

　오늘날의 선교에서도 그 원리는 불변하다. 재물이나 교육, 정치적인 힘에 의존하지 않고 자신을 비우는 정도에 따라서 고무적인 결과가 나온다. 미얀마나 마다가스카르에서 당하던 박해나 남태평양 섬의 식인 풍습도 복음 전파의 장애가 아니라 오히려 축복의 조건이 되었다. 예수님은 첫 제자를 부르실 때 모든 것을 버려두고 따르라고 하셨고 그분 자신이 **부요하셨음에도 우리를 구원하기 위해서 가난하게 되셨다.**

　본국에서든 해외에서든 사람을 낚는 어부의 일을 가장 성공적으로 하고 싶은 사람이라면, 이 이상 더 현명하고 확실한 모범은 찾을 수 없을 것이다.

6일 영의 과학 1
Spiritual Science 1

우리 주 예수 그리스도의 은혜를 너희가 알거니와
부요하신 이로서 너희를 위하여 가난하게 되심은
그의 가난함으로 말미암아 너희를 부요하게 하려 하심이라.
(고린도후서 8:9)

Ye know the grace of our Lord Jesus Christ, that, though He was rich, yet for your sakes He became poor,
that ye through His poverty might become rich.
(2Corinthians 8:9)

현명한 사람들은 자연의 법칙을 잘 이용하여 이전 조상들이 몰랐던 위대한 결과를 성취한다. 우리 하나님은 은혜의 하나님이시면서 자연계의 하나님이시다. 그분은 언제나 가장 좋은 방식으로 행동하시기 때문에 같은 상황에서는 언제나 같은 방식으로 행하신다. 자연을 다스리는 위대한 분이 누구인지 모르는 사람들도 대부분 자연이 한결같은 방식으로 운행되는 것은 안다. 그런 사람들은 하나님이 일정한 방식으로 자연을 운영하신다고 하지 않고 자연의 법칙이 일정하다고 말하는 쪽을 선호한다.

그렇지만 우리가 자연 법칙이라고 말할 때 그 표현을 오해하지 않도록 하자. 제대로 된 집이라면 초인종이 울릴 때 나가서 문을 열어준다. 법칙에 의해서 열린다고 하는 생각은 완전히 잘못된 것이다. 직접적이든 간접적이든 집주인이 열어주는 것이다. 그러므로 '참새 하나도 아버지의 허락 없이는 떨어지지 않는다'.

하나님을 아는 우리들, 그분의 자녀인 우리들은 불 위에서 물을 끓게 하고, 엔진의 증기를 그렇게 대단한 힘으로 팽창하게 하는 분이 변하지 않는 우리의 하나님이심을 기억하는 것이 좋을 것이다. 하나님께서 전류를 일정하게 흐르도록 하셨기 때문에 우리는 그분의 그러한 힘을 이용해서 유익한 전보로 사용할 수도 있고, 같은 전기 때문에 벼락을 맞아 죽을 수도 있다. 중력의 법칙도 그분이 행하시는 일이 한결같기 때문에 우리가 인식하는 것이다.

그분은 은혜의 영역에 있어서도 군림하고 계시고 변함이 없으시다. 하나님의 군림은 절대로 변덕스럽거나 독단적이지 않다. 자연계뿐 아니라 영적인 것들을 연구해보면 그분이 행동하는 방식을 대개 알아낼 수 있다. 그분의 율례 중 어떤 것은 성경 말씀에 명백하게 계시되어 있다. 다른 것들도 그 가운데 기록된 행동들이 좋은 예가 되고 있다. 그러므로 하나님을 알고 사랑하며 경외할 수 있는 가장 좋은 길은 기록된 말씀을 성령의 조명을 통해서 연구하는 것이다. 그리고 하나님께서는 특히 예수 그리스도의 얼굴을 통해서 그 모습을 보이신다.

영의 과학 2
Spiritual Science2

7일

우리 주 예수 그리스도의 은혜를 너희가 알거니와
부요하신 이로서 너희를 위하여 가난하게 되심은
그의 가난함으로 말미암아 너희를 부요하게 하려 하심이라.

(고린도후서 8:9)

Ye know the grace of our Lord Jesus Christ, that, though He was rich, yet for your
sakes He became poor,
that ye through His poverty might become rich.

(2Corinthians 8:9)

    하나님께서는 성령으로 조명해 주시기를 간절히 구하는 자에게 결코 거절하시지 않으신다고 친히 말씀하셨다. 영적인 것은 영적으로라야 분별이 된다. 그런데 영적인 사람들이 영적인 법칙을 배우는 일은 자연인이 자연의 법칙을 배우는 것과 같이 그리 어려운 일이 아니다. 아니 오히려 자연 과학을 연구하고 관찰하는 것보다 영적인 것은 그 계시가 더 뚜렷하다. 하나님의 말씀과 하나님의 길을 연구하면 금방 그분의 행동 양식을 알 수 있기 때문에 영적인 것이 더 배우기가 쉽다. 자연의 비밀 중에는 몇 사람밖에 알 수 없는 것도 있다. 그렇지만 은혜의 비밀은 하나님의 자녀 모두가 알 수 있는 것이다. 단, 그럴 수 있기 위해서는 기꺼이 배우려고 하고, 또 배운 대로 순종해야 한다는 조건이 붙는다.

자연계에 연약한 인간의 이해를 넘어서는 신비가 많이 있는 것처럼, 영적인 일에도 지금 여기에서는 아직 알도록 되어 있지 않은 비밀이 있다. 그러나 사람들이 자연 속에서 이미 알려진 것들을 이용해서 증기, 전기 등을 사용하는 놀라운 결과를 가져온 것처럼, 이미 계시되어 알고 있는 영적인 법칙을 사용하면 놀라운 일을 성취할 수 있다. 말이 만 마리가 있어도 런던에서 글라스고우까지 일주일 안에 짐을 실어 나르지 못하는데, 기차를 이용하면 그것이 반나절이면 가능하다. 짐꾼 만 명이 런던에서 상하이까지 한 달 안에 전하지 못하는 소식을 전보를 통해서는 몇 시간 안에 전할 수 있다. 영적인 일에서도 마찬가지이다. 아무리 노력을 많이 기울이고 좋은 조직을 만들어도 영적인 능력이 없으면 열매를 거둘 수 없다. 영적인 열매는 하나님께서 이끄시는 대로 따라가고, 그분이 지시하시는 일을 그분의 방법대로 할 때 쉽게 거둘 수 있는 것이다.

8일 영의 과학 3

SPIRITUAL SCIENCE 3

> 우리 주 예수 그리스도의 은혜를 너희가 알거니와
> 부요하신 이로서 너희를 위하여 가난하게 되심은
> 그의 가난함으로 말미암아 너희를 부요하게 하려 하심이라.
> (고린도후서 8:9)
>
> Ye know the grace of our Lord Jesus Christ, that, though He was rich, yet for your sakes He became poor,
> that ye through His poverty might become rich.
> (2Corinthians 8:9)

영적인 일에 성공하기 위해서도 조건이 있다. 이것을 무시하면 고생을 많이 하고, 심는 것이 많아도 열매는 거의 거두지 못할 수 있다. 우리가 많이 노력했지만 실패했던 이유는 혹시 하나님의 일을 사람의 방법으로 하려고 해서가 아니었는가? 심지어 어떤 때는 사탄의 방법까지 쓰지는 않았는가? 이것이 놀라운 질문처럼 들리는가? 우리 주께서 세례를 받으신 후에 유혹을 받으셨던 이야기를 읽고 사탄이 사용했던 방법을 보라. 우리가 하나님의 사역에 진보가 있도록 하기 위해 무심코 자주 사용했던 방법이 아니었는가? 본국에 있는 성도들이나 선교지에 있는 현지 동역자들에게 금전적으로 지원하고 직위를 부여하여 사역을 시작하도록 유인하지 않았는가? 하고 있는 사역을 지속하도록 도울 때는 더욱 더 그러하지 않았는가? 헌금 주머니를 돌리지 않고 기부자의 이름이 나오지 않아도 같은 액수의 헌금이 나왔겠는가? 영광의 주께서 지고의 축복을 주려고 오셨을 때, 그분은 당신의 목적을 성취하실 수 있는 최적의 장소로 가장 낮은 곳을 택하셨다. 같은 방식으로 우리 같이 불쌍한 파산자들을 부요하게 해 주시기 위해서 지혜롭고도 즐거운 마음으로 당신께 있던 모든 부요함을 다 비워 버리셨다. 마치 그런 것들이 당신의 목적을 달성하는 데에 전혀 필요하지도 않고 적합하지도 않은 것처럼…

예수님은 하나님의 지혜이고 하나님의 능력이시기 때문에 당신의 목적을 이루기 위해서 가장 힘 있고 가장 현명한 방법을 택하셨을 것이다. 그분은 로마 귀족으로 오실 수도 있었다. 그렇게 하여 제자를 얻으실 수도 있었을 것이다. 그랬다면 어떤 종류의 제자였을까? 아니면 부요한 유대 귀족 가문에 오실 수도 있었겠지만 그렇게 하지 않으셨다. 그것이 하나님의 방법이 아니었기 때문이었다.

고린도 성도들은 부요하신 자로 자기들을 위해서 가난하게 되셨던 주 예수 그리스도의 은혜를 알았다. 우리는 어떠한가? 그것을 알고 싶은가? 우리가 사람들의 구원을 위해서 값비싼 희생을 하지 않는다면 '하나님을 본받는 자'라고 할 수 있는가? 제단에 필요한 제물은 우리의 이삭이지 남아도는 사치품이 아니다. 그리스도께서 우리를 사랑하셔서 우리를 위하여 자신을 주신 것처럼 우리도 사랑으로 행하지 않는다면 우리가 그리스도를 따르는 자들이라고 말할 수 있겠는가?

9일 성육신에서 배우는 교훈
LESSONS FROM THE INCARNATION

자녀들은 혈과 육에 속하였으매
그도 또한 같은 모양으로 혈과 육을 함께 지니심은
(히브리서 2:14)

Forasmuch then as the children are partakers of flesh and blood,
he also himself likewise took part of the same
(Heb. 2:14)

우리 구주 예수 그리스도의 성육신에는 특히 주님처럼, 멸망해 가는 사람들을 구원하기를 소원하는 사람들에게 교훈이 되는 복된 가르침이 가득하다. 참으로 경이로운 이야기이다. 그 의미를 기독교인의 실제적인 사역과 관련지어 깊이 생각해 보자.

그리스도를 따르는 사람들로서 우리는 어떻게 그분의 성육신을 본받을 수 있는가? 우리에게 열매가 있기 위해서는 하나님의 방법을 잘 이해하고 그것을 우리가 하는 사역에 잘 적용해야 할 것이다. 이제껏 보아왔듯이 주 예수께서는 자신을 낮추시고 우리를 살리기 위하여 가장 낮은 곳을 택하여 오셨다. 그리고 우리를 부요하게 해주시려고 자신을 비우셨다. 여기에서 우리는 그분이 버리신 것뿐 아니라 취하신 것, 즉, 사역을 성공적으로 하기 위하여 그 몸에 입으신 것에 대해서도 배우려고 한다.

말씀이 육신이 되어 우리 가운데 거하셨다고 하였다. 그분은 사람의 모양으로 나타나셨고 종의 형체를 입으셨다. 주님은 자신의 신성을 결코 잊지 않으셨지만, 그것을 사용하여 악에 대항하거나 인간적으로 필요한 것을 채우지 않으셨고 자신이나 제자들의 특권을 주장하기 위해 자신의 신성을 사용하지 않으셨다. 주님은 범사에 형제들과 같이 되셨던 자신의 위치를 고수하셨다. 그것은 선교사로서 사역할 때 너무도 자주 잊게 되는 교훈이다.

선교사는 하늘을 떠나는 것도 아니고 포기해야 할 신성이 있는 것도 아니다. 그렇지만 일반적으로 집을 떠난다. 자신의 국적을 밝혀서 자기나 추종자들을 위해서 특별한 권리를 얻을 수도 있다. 또는 그렇게 하지 않는 것이 더 현명하다고 판단하여 그대로 고통당할 수도 있다. 선교사는 외국인이라는 자신의 신분을 주장하며 어떤 권리를 유지할 수도 있지만 주위 사람들과 같은 옷, 같은 외양, 같은 집, 같은 언어를 사용하는 것으로 자신을 동화시킬 수도 있다. 이렇게 살 때 반대에 부딪히기가 쉽지만 이것이 예수님께서 택하신 방식이기 때문에 우리도 계속 그 길로 가려고 한다. 주 예수께서 말씀하셨다.

'내가 너희에게 본을 보였으니 너희도 이와 같이 하라'

10일 사도의 모범 1

APOSTOLIC EXAMPLE 1

> 내가 그리스도를 본받은 것 같이
> 너희도 나를 본받는 자가 되라.
> (고린도전서 11:1)
>
> Be ye followers of me, even as I also am of Christ.
> (Ⅱ Cor. 11:1)

 주 예수께서 자신을 비우신 것은 구속 사역에서나 필요한 것이었지 사역을 할 때도 반드시 그러해야 하는 것은 아니지 않느냐고 당혹스러워하며 질문하는 사람이 간혹 있다. 그러나 위대한 사도 선교사는 어려워하지 않고 그러한 삶을 살았다. 개인적으로 그렇게 그리스도를 드러내던 사람도 적었고, 그렇게 주님의 삶을 충실하게 따랐던 사람도 몇 명 되지 않았다.
 그리스도께서 사도 바울에게 자신을 계시하셨을 때 어떤 일이 일어났는가? 바울은 예수님을 만나고 나서 즉시로 자기가 거역했던 것을 회개하며 그리스도를 전파하였다. 예수 그리스도와 '십자가에 못

박히신 그분' 외에는 아무 것도 알지 않기로 작정했다. 바울은 인간에게 가능한 최대한의 한계까지 자신을 비웠다. 출신, 지위, 교육 등 한 마디로 무엇이든지 자기에게 유익하던 것을 그리스도를 위하여 다 해로 여겼고, 대신에 자신의 주 예수 그리스도를 아는 지식의 고상함에 비하여 다른 것은 모두 아무짝에도 쓸데없는 배설물로 여기며 영적으로 그렇게 교환하는 것을 기뻐했다.

그러한 것 대신에 만일 그가 로마 별장과 프레스코화가 그려진 담, 대리석 분수와 조각상들이 부러워 그것들을 추구하고 귀족의 지위와 왕관을 얻었다고 상상해 보자. 그러면 그는 얻은 사람이었을까, 잃은 사람이었을까?

바울은 자기 삶에 있던 도덕적 위엄이 세상의 즐거움을 초월한 영적 기쁨이며 훨씬 더 가치가 있는 것이었다고 하지 않는가? 그의 삶은 수 세기를 뛰어넘어 오늘날까지도 위대하게 영향을 끼치고 있지 않은가? 그 모든 것은 참으로 훌륭하다. 그럼에도 네로의 칼로 그 영혼이 자유롭게 된 성도가 승리의 입성을 하여 왕이신 주님 앞에서 받는 환영의 영광에는 완전히 무색해진다. '오, 잘 하였도다!'고 하시는 말씀이 영광스러운 보상인 것이다. 이 땅에서 가난하고 수고하고 섬기던 삶은 그 영광을 누리기에 지나치게 비싸게 치른 대가가 아니었다. 바울의 말이 아직도 우리 귀에 울리고 있지 않은가?

'내가 그리스도를 본받은 것 같이 너희도 나를 본받는 자가 되라'

사도의 모범 2
APOSTOLIC EXAMPLE 2

11일

내가 그리스도를 본받은 것 같이
너희도 나를 본받는 자가 되라.
(고린도전서 11:1)

Be ye followers of me, even as I also am of Christ.
(1 Cor. 11:1)

하나님께서는 사도 바울이 처음 선교 여행을 떠날 때 기쁜 마음으로 '위로의 아들' 바나바를 동역자로 붙여 주셨다. 바나바에게 언제 그런 별명이 붙었는지는 모르겠지만, 그가 어떤 사람인지를 알 수 있는 사건이 사도행전 4장에 기록되어 있다. 바나바는 부자였는데 가난하고 어려운 형제들을 위로하고 감싸 안기 위하여 자기 재산을 모두 내놓고 자기는 가난해졌다. 그렇게 하여 '위로의 아들'이 되지 않았을까? 그가 어느 정도까지 가난해졌는지는 사도바울의 말을 통해서 짐작할 수 있는데, 바나바도 바울처럼 자기 손으로 일해서 살았던 것으로 보인다.

하나님께서는 그리스도를 전하는 선교사들의 긴 명단 중에 이러한 사람들이 제일 첫 자리의 영예에 합당하다고 보셨다. 그와 같은 사람들의 사역을 통하여 주님의 교회가 줄지어 탄생하였다. 그 선교사들은 어떤 위험에도 기가 죽지 않고 유대인의 종교나 이방인의 미신이 아무리 입 다물게 하고 짓밟으려고 해도 그 시도를 헛된 것으로 만들어 버리는 사람들이었다.

또한 이 사도들은 일을 할 때 주인께서 하셨던 방법대로 했다. 주님은 사람에게 오시면서 사람이 되셨고, 유대인에게 오시기 위해 유대인이 되셨다. 반면 사도들은 자신들이 이미 유대인이지만 특히 이방인에게 복음을 전해야 했다. 그렇게 해야 했을 때 그들이 이방인 틈에서 유대인의 방식대로 살았는가? 아니면, 가능한 한 자기들이 사역하는 대상에 맞추어 그들과 비슷하게 살았는가? 바울은 고린도전서 9장에서 직접 이 질문에 대답한다. '내가 모든 사람에게서 자유로우나 스스로 모든 사람에게 종이 된 것은 더 많은 사람을 얻고자 함이라. 내가 여러 사람에게 여러 모습이 된 것은 아무쪼록 몇 사람이라도 구원하고자 함이니 내가 복음을 위하여 모든 것을 행함은 복음에 참여하고자 함이라'.

이렇게 대단한 선언을 한 후 성령께서는 사도를 통해서 우리에게 '그러니 얻기 위하여 달음질하라'고 권고하신다. 참으로 주목할 만한 권면이다. 수년간 수고하면서도 성공하지 못하던 사역자들이 이 비결을 알았더라면 실망스럽지 않은 결과를 가질 수 있었을 것이라고 믿는다.

12일 누가 실패자였는가?
WHO WERE THE LOSERS?

곡식을 내놓지 아니하는 자는 백성에게 저주를 받을 것이나
파는 자는 그의 머리에 복이 임하리라.
(잠언 11:26)

He that withholdeth corn, the people shall curse him;
but blessing shall be upon the head of him that selleth it.
(Proverbs 11:26)

역사는 반복된다. 2천 년 전, 곧 구세주가 오실 것 같았다. 그런 생각이 널리 퍼져 있었고, 그래서 사람들은 이스라엘의 구속을 간절히 기다렸다. 과연 그분이 오셨다. 와서 사시다가 죽으셨다. 그분은 다시 살아나셔서 아버지가 약속하신 대로 자기 대신으로 대표적으로 남겨둔 사람들에게 성령을 부어주셨다.

그 결과는 놀라웠다. 제자들이 예수님의 마음을 생각하기 시작했고 예수님이 하라고 하신 대로 행동하였다. 형제들을 사랑하고 자기 소유를 팔아 구제하였다. 교회 안에 무엇이든지 부족한 사람이 없었다. 세상 사람들은 그러한 행동을 광신적이고 어리석은 행위라고 조

롱했을 것이다. 그리고 자신들이 가진 것에 자만하면서 쓰고 남은 것은 자기 아이에게 남겨주려고 작정했을 것이다. 그런데 그들이 그렇게 할 수 있었는가?

몇 년이 흘러갔다. 주님께서 예언하신 대로 환난의 날이 닥쳐왔다. 예루살렘은 적군에게 포위되었다. 소유를 팔아 그 수익을 예수님께 드릴 기회는 지나갔다. 신실한 성도들은 대부분 멀리 가서 복음을 전하고 있었다. 예루살렘에서 피해 나간 사람 중에는 주님을 섬기는 일에 자기 소유를 전부 사용했기 때문에 아무 것도 남겨 둘 것이 없던 사람도 있었을 것이고, 또 비록 달아나라는 경고를 듣고 따르기는 했지만 아마도 더 신중하여 어려운 날을 대비해서 얼마간은 남겨둔 사람도 있었을 것이다. 누가 실패한 사람이었는가?

또 교인 중에는 아마도 산으로 달아나지 않고 그냥 예루살렘에서 지니고 있던 재산을 가지고 살던 사람도 있었을 것이다. 내가 다시 묻는다. 누가 실패자였는가?

역사는 반복된다. 주님의 강림이 가깝다. 그날에 누가 실패자일까? 주님은 자신과 함께 가지셨던 모든 것을 제단에 내놓으셨다. 누가 그 분을 따르려는가? 자기를 비워 자기 생명을 많은 사람의 대속물로 주신 주님을 따르는 사람이 실패자이겠는가?

13일 하나님의 소유와 다스리심 1
DIVINE POSSESSION AND GOVERNMENT 1

이스라엘이 애굽에서 나오며
야곱의 집안이 언어가 다른 민족에게서 나올 때에
유다는 여호와의 성소가 되고
이스라엘은 그의 영토가 되었도다.
(시편 114:1,2)

When Israel went forth out of Egypt,
the house of Jacob from a people of strange language; Judah became His sanctuary, Israel His dominion.
(Psalm 114:1,2)

'이스라엘이 애굽에서 나왔을 때!' 그런데 그 사람들이 왜 그곳에 들어갔는가? 대답하기 쉬운 질문이리라. 기근 때문에 어쩔 수 없이 들어갔다. 그러면 기근은 왜 왔는가? 우리는 이 일에 대해서 더 깊이 살펴봐야 한다. 이스라엘은 약속의 땅에서 실패했다. 그 땅에서 살았던 삶의 결론으로 '험악한 세월을 보냈나이다'라고 했다. 가엾은 야곱! 그런데 역사 속에서 그러한 야곱의 후손들이 적지 않았다. 약속의 땅에서 노예의 땅으로 가는 사람들이 적지 않았다. 그런데 야곱은 가나안이 아닌 바로 그 애굽 땅에서 '내 조부 아브라함과 아버지 이삭이 섬기던 하나님, 나의 출생으로부터 지금까지 나를 기르신 하나님, 나를 모든 환난에서 건지신 여호와의 천사'라고 부르며 그 땅을 축복한다.

처음 애굽에 갔을 때는 좋았다. 그러나 결국에는 노예가 되어 힘들게 살았다. 아무런 소망도 없어 보였다. 안에서는 구원할 힘이 없었고 밖에서도 불쌍하게 여겨주거나 대속해 줄 사람이 없었다. 이스라엘과 같은 백성이 애굽으로 내려가 떨어져 살지 않았다면 아마 그들은 가나안 족속과 섞여서 위대하신 하나님의 다스리심 안에서 사는 특권을 잃었을 것이다.

때가 찰 때까지는 그곳에 있었지만 그들을 데리고 나오는 일도 마찬가지로 꼭 필요한 일이었다. '이스라엘이 애굽에 있던 동안'이 아니라 '이스라엘이 애굽에서 나왔을 때' 유다는 여호와의 성소가 되고 이스라엘은 그의 영토가 되었다. 애굽에서 나오는 일이 꼭 필요한 일이었던 것이다.

애굽은 하나님 앞에서 무능해서 그 힘으로 저항할 수가 없었다. 그러자 내켜하지 않던 백성들은 그분의 능력을 보고 자발적인 마음을 갖게 되었고, 여호수아의 지도 아래 모세의 손으로 시작했던 일을 완전히 성취할 수 있었다. 그렇게 하여 하나님이 선택하신 백성은 약속의 땅에 들어갔다. 그래서 '유다는 여호와의 성소가 되고 이스라엘은 그분의 영토가 되었다'.

14일 하나님의 소유와 다스리심 2

DIVINE POSSESSION AND GOVERNMENT 2

> 유다는 여호와의 성소가 되고
> 이스라엘은 그의 영토가 되었도다.
>
> (시편 114:2)
>
> Judah became His sanctuary, Israel His dominion.
>
> (Psalm 114:2)

어떻게 이런 영광스러운 일이 일어나게 되었는가? 그것은 지도자 모세나 제사장 아론, 심지어 충성스러운 종이면서 승리하던 장군이었던 여호수아의 문제가 아니었다. 이 시편에는 그 이름들이 언급조차 되지 않는다. 이스라엘의 순종 문제도 아니었고, 택한 나라에 대해서 은혜를 베푸시는 위대하신 하나님과의 관계를 깨닫고 못 깨닫고의 문제도 아니었다. 단지 하나님께서 유다를 당신 소유로 삼으시고 그들 가운데 오셔서 친히 그들을 거룩하게 하셨기 때문이었다. 바로 그 사실이 영광스럽고 대단한 것이었다. 이런 영광스러운 말씀이 사실이 되었던 것은 원하든 원하지 않든 이스라엘을 소유하고 당신의 영토라고 주장한 분이 바로 하나님이시기 때문이었다. 하나님은 보통 그 백성의 어떠함과 상관없이 그들에게 유익하도록 다스리시는 분이셨다.

유다 지파는 영광스러우신 하나님께서 겸손히 그들 가운데 거하시고, 때가 되었을 때 그들의 몸을 왕궁으로 삼아 성육신하셨던 그분의 위대하심을 이해하지 못했다. 그분께서 그들에게 나타나주셨던 것이 얼마나 영광스러운 은혜였는지 깨닫지 못했다. 성령의 전으로 거룩하신 분이 거하시는 존엄과 신성함에까지 실제로 이르지 못했다. 그러나 그들이 이해하지 못해도 사실은 사실이다. 믿지 못하여 지체되고 방해가 되기는 하여도 하나님의 언약은 반드시 그 성취가 보장이 되어 있는 것이다.

유다 지파만 선택된 것이 아니다. 하나님은 나라 전체를 지배하셨다. 하나님께서는 이스라엘의 하나님이 되시고 이스라엘은 국가 전체가 그분의 영토가 되었다. 하나님 편에서 그렇게 하셨다. 이스라엘이 그분의 영토가 되었다는 사실 때문에, 가나안이 이스라엘의 영토로 확보가 된 것이었다.

그런데 그 백성은 얼마나 큰 행복을 놓쳤는가? 철과 놋을 산더미처럼 가질 수 있었고 젖과 꿀이 흐르는 골짜기도 전부 차지하여 즐거워할 수 있었다. 그러나 그들은 지친 상태로 황량한 광야를 소망 없이 방황하다가 한 사람 한 사람 결국 그곳에서 죽어갔다. 그들이 당했던 운명에서 우리는 엄숙한 교훈을 받아야 한다. 그분은 구원하기를 원하신다.

15일 하나님의 소유와 다스리심 3
DIVINE POSSESSION AND GOVERNMENT 3

> 바다가 보고 도망하며 요단은 물러갔으니
> 산들은 숫양들 같이 뛰놀며
> 작은 산들은 어린 양들 같이 뛰었도다.
> (시편 114:3,4)
>
> The sea saw it, and fled: Jordan was driven back.
> The mountains skipped like rams, and the little hills like lambs.
> (Psalm 114:3,4)

이제껏 살펴본 대로 유다는 자기들 가운데 하나님이 계신 것을 몰랐다. 그렇게 이스라엘은 믿음이 없었고 완고했다. 매우 슬픈 일이었다. 그렇지만 그렇다고 해서 이스라엘에게 왕이 있다는 사실, 그저 왕이 아니라 매우 위대하신 왕이 있다는 사실이 달라지는 것은 아니었다. 인간만이 자기를 창조하신 분을 거역하니 참으로 이상한 일이다. 그분의 임재가 우리의 이해에 달려 있지 않고, 그분의 구원하시는 능력이 반드시 우리의 모자란 믿음 때문에 제한받지 않는다는 사실이 얼마나 복된지 모른다. '바다가 보고 도망하며 요단은 물러갔다'.

백성들의 죄와 실패에도 불구하고 하나님의 은혜는 여전하시다. 그런데 만일 백성들이 적극적으로 믿음을 행사하며 살았다면 어떤 축복을 받았겠는가? 구주되신 하나님이 그 안에 거하고 다스리시도록 하기 위하여 그분께 자신의 모든 것을 드리는 사람은 참으로 복된 사람들이다.

하나님의 임재와 다스리심이 없다면 우리는 얼마나 무력하며 소망 없는 사람이 되겠는가! 그렇지만 내 안에 사는 이가 더 이상 내가 아니라 그리스도가 되실 때 이 모든 것이 얼마나 달라지는가! 그렇게 되면 우리는 더 이상 이 사망의 몸에서 나를 구해 달라고 부르짖지 않는다. 대신에 우리는 이제 비록 육체 가운데 살지만 우리를 사랑하시고 우리를 위하여 자기 자신을 주신 하나님의 아들을 믿는 믿음 안에서 산다.

우리는 새 생명도 갈등 없는 생명은 아님을 발견한다. 세상은 아직 세상이고 육체는 아직 육체로 남아 있으며 악마도 아직 악마인 채 존재한다. 애굽에서 피해 나왔지만 애굽은 우리를 추격해 온다. 그러나 세상적인 생각으로는 홍해가 이겨내기 어려운 장벽이겠지만 그리스도께서 함께 거하시면 '바다는 보고 도망한다'. 그러면 우리는 우리의 주인과 왕 되신 분의 임재 앞에는 아무런 장애물이 없는 것을 알게 된다. 거만한 바다의 파도도 강둑에 넘쳐나는 요단의 강물도 그분의 임재를 인정하게 된다. 지상에 계실 때 '잠잠하라, 고요하라!'라고 풍랑 이는 파도에 명령하여 갈릴리 어부들의 두려움을 잠재우셨던 분이 누구신지를 알게 되는 것이다. 환난의 산들은 숫양처럼 달아나고, 수많은 작은 산은 그분의 임재 안에서 어린 양처럼 아무런 해害가 되지 않는다.

16일 하나님의 소유와 다스리심 4
DIVINE POSSESSION AND GOVERNMENT 4

> 바다가 보고 도망하며 요단은 물러갔으니
> 산들은 숫양들 같이 뛰놀며
> 작은 산들은 어린 양들 같이 뛰었도다.
> (시편 114:3,4)

> The sea saw it, and fled: Jordan was driven back. The mountains skipped like rams, and the little hills like lambs.
> (Psalm 114:3,4)

하나님께서 우리 안에 거하신다고 확신하면서 이런저런 시험을 만나도 그것을 전부 기쁨으로 여길 때, 우리는 비로소 그 모든 것이 합하여 우리에게 선이 되는 것을 깨닫지 않는가? 그러므로 우리는 전쟁을 앞에 두고 노래를 시작한다. 확실히 얻게 될 전리품을 기대하며 찬양을 하는 것이다. 총명한 성도라면 갈등 앞에서 약해지지 않는다. 왜냐하면 그것이 없다면, 승리의 영예가 어디에 있겠는가?

모세오경과 여호수아서에는 이스라엘이 출애굽하여 약속의 땅으로 들어가던 역사가 상세히 기술되어 있는데, 하나님께서는 그 때 주로 사용하셨던 방법을 우리 앞에도 자주 놓으신다. 그러나 이 시편에는 그러한 것들이 끼어들 자리가 없다. 우리는 곧장 하나님의 임재 안으로 들어간다. 인간의 중개仲介는 사라진다. 그뿐이 아니다. 광야에 대한 언급도 찾아볼 수가 없다. 광야는 그 속에 파묻혔던 믿음 없던 세대와 함께 사라진다. 왜 그런가? 믿음의 삶에는 광야가 없기 때문이다. 이편의 경계인 바다는 우리 주님을 보고 도망하고, 저편의 경계인 요단도 그분의 임재에 물러간다. 광야는 안식에 들어가지 못하는 불신자에게나 있는 것이다.

우리가 잘 부르는 찬송가 중에 요단을 죽음에, 가나안을 천국에 비유하고 있는 것은 오해의 소지가 많은 가사이다. 아니, 우리가 천국에 다다른 이후에 우리가 걷는 모든 길에서 그곳 주민을 죽이면서 싸워야 한단 말인가? 그러고 나서 예비된 집에 들어갈 수 있다는 말인가? 절대로 아니다! 가나안의 안식은 현재 누리라고 있는 것이다. 승리한 여호수아의 지휘 아래에서 모든 싸움은 이기도록 되어 있다. 모든 적은 쫓겨나고 진압되도록 되어 있다. 그렇게 '되어 있다'는 말에 주목하기 바란다. 왜냐하면 아간처럼 하나님의 것을 도적질하면 패배가 뒤따르는 것이고, 만일 가나안을 진압하지 않고 그들과 휴전하여 싸움을 중지한다면 오히려 우리가 쫓겨나는 결과를 맞게 되기 때문이다.

매우 실제적인 질문을 스스로에게 해보자. 우리는 어디에 있는가? 노예의 상태인가, 광야에 있는가 아니면 안식의 땅에 있는가? 그리고 만일 그 땅에 있다면 하나님의 적과 어떤 형태라도 타협을 하여 승리를 지연시키거나 방해하고 있지는 않은가?

하나님의 소유와 다스리심 5

17일

DIVINE POSSESSION AND GOVERNMENT 5

> 바다야 네가 도망함은 어찌함이며
> 요단아 네가 물러감은 어찌함인가.
> 너희 산들아 숫양들 같이 뛰놀며
> 작은 산들아 어린 양들 같이 뛰놂은 어찌함인가.
> 땅이여, 너는 주 앞 곧 야곱의 하나님 앞에서 떨지어다.
> (시편 114:5~7)

> What ailed thee, O thou sea, that thou fleddest?
> thou Jordan, that thou wast driven back?
> Ye mountains, that ye skipped like rams; and ye little hills, like lambs?
> Tremble, thou earth, at the presence of the Lord,
> at the presence of the God of Jacob;
> (Psalm 114:5~7)

이제 아름다운 땅에 들어왔다. 산이나 작은 산이 정말로 아무 장애가 되지 않았다. 주님의 임재에 인간 중재자는 보이지 않았다. 이제 광야는 남아 있지 않았다. 심지어 친히 선물로 주신 세상의 축복도 종종 제거하는 것이 더 낫다고 여기시기도 한다.

그분은 약속하셨다.—위협이 아닌 약속이었다. '내가 다시 한 번 흔들 것이다. 땅뿐 아니라 하늘도 흔들 것이다. 다시 한 번 흔든다는 것은 창조된 것 중에 흔들리는 것은 전부 제거한다는 의미이다. 오직 흔들리지 않는 것만 남을 것이다.'

아마도 우리는 자신이 가졌던 것이 얼마나 감사한 일이었는가에 대해서, 사랑하는 아버지께서 우리가 의지하고 있던 그것을 거두어 가실 때에야 깨닫는 것 같다. 만세반석이신 그분 안에서만 안식하는 대신 흔들리는 것에 지나치게 빠져 있을 때, 흔들릴 수 없는 영원한 나라에서 다른 곳으로 눈을 돌리게 하는 그것을 제거하셨다. 어쩌면 우리는 갖고 있는 노에 지나치게 만족하고 있었고 조류에 휩쓸려가지 못하도록 막아주는 정박장을 너무 믿고 있었다. 하나님께서 그 모든 것을 보신 것이었다. 비록 앞으로 나가지는 못했지만 흐름을 거슬러 올라가기 위해 주위의 사나운 물결과 힘들게 싸운 것은 장래의 승리를 위해 필요한 훈련이었다. 바다가 도망하고 요단이 물러가는 날이 올 뿐 아니라 하늘과 땅이 이제 우리가 알게 된 우리의 주 야곱의 하나님의 임재 앞에서 사라질 날이 오고 있다.

우리는 바로 이 전능하신 분을 모셔야 한다. 산이나 작은 산, 강이나 바다가 문제가 아니다. 상황이나 주변 환경이 어떻든지 간에 만족할 수 있지 않은가? 우리 주께서 '내가 결코 너를 떠나지 않고 버리지 않으리라'고 하셨으니 우리는 용기를 내어 고백하지 않겠는가? '주님이 나의 도움이시니 내가 누구를 두려워하랴? 인생이 나에게 어떻게 할 수 있으랴?'

18일 하나님의 소유와 다스리심 6

DIVINE POSSESSION AND GOVERNMENT 6

> 땅이여, 너는 주 앞 곧 야곱의 하나님 앞에서 떨지어다.
> 그가 반석을 쳐서 못물이 되게 하시며
> 차돌로 샘물이 되게 하셨도다.
>
> (시편 114:7,8)
>
> Tremble, thou earth, at the presence of the Lord,
> at the presence of the God of Jacob;
> Which turned the rock into a pool of water,
> the flint into a fountain of waters.
>
> (Psalm 114:7,8)

이 시편에 광야에 대한 언급이 없는 것은 충성스러운 당신의 자녀들을 격려하기 위함이다. 그러면서도 연약하고 낙담하는 자들을 위해서 특히 마지막 구절에서 광야를 밝게 에둘러 암시한다. 왜냐하면 반석에서 못물이 나고 차돌이 샘물이 된 것은 광야에서의 일이었기 때문이다.

또한 이 시편에서 하나님께 붙여진 명칭이 그저 주님과 야곱의 하나님이라는 것이 애정 어린 배려 같지 않은가? 아마도 하나님께서는 우리가 아브라함 같은 믿음이나 심지어 갈렙이나 여호수아 정도의 믿음을 갖고 있지 않은 것을 의식하셨는지 모르겠다. 그래서 여호와가 아닌 주님으로, 비틀거리고 실패하던 가엾은 야곱의 하나님으로 우리에게 다가오시는 것이다.

그리고 우리 중 누군가 약속의 땅에 있다고 감히 주장하지 못하고 아직도 황량한 광야에서 신음하고 있는 것을 두려워할 때, 야곱이 어디를 가든지 그 방황의 여정에 함께해 주시겠다고 약속해 주신 하나님을 생각하고 다시 힘을 얻게 되지 않는가? 그때 하나님은 은혜로운 말씀을 해 주셨다. '볼지어다. 내가 너와 함께 하고 있고 네가 어디를 가든지 너를 지킬 것이며 다시 이 땅에 오게 할 것이다. 내가 네게 한 말을 다 이루기까지 너를 떠나지 않을 것이다'.

이 시편의 말씀은 주의 길을 예비하라고 보내심을 받았던 세례 요한을 격려하시던 말씀과 아주 다르지 않다. '모든 골짜기가 메워지고 모든 산과 작은 산이 낮아질 것이다' 우리에게 맡기신 일을 감당할 때 건너야 할 강과 바다가 있고 제거하고 넘어가야 할 산과 작은 산이 있다. 우리 자신의 힘만으로는 맡겨진 임무를 이룰 소망이 없고 애를 쓰며 하는 노력도 아무 쓸모가 없이 생각된다. 그러나 우리 각자가 자신이 살아계신 하나님의 성전이고 전능하신 분께서 당신의 소유와 영토로서 사용하시는 도구임을 깨닫는다면 낙담할 여지가 없다. 그분 앞에서는 딱딱하고 메마른 '반석이 못물이 되고 차돌이 샘물이 될 것'이기 때문이다.

19일 가난한 자 보살피기
CONSIDERING THE POOR

가난한 자를 보살피는 자에게 복이 있음이여.
재앙의 날에 여호와께서 그를 건지시리로다.

(시편 41:1)

Blessed is he that considereth the poor;
The Lord will deliver him in the day of evil.

(Psalm 41:1)

이 사람의 성품은 그리스도를 매우 닮았기 때문에 하나님께서 그에게 호의를 가지신다. 그 사람은 주님의 모습을 유리를 통해서 보는 것처럼 그분의 성품을 그대로 밖으로 내보인다. 하나님의 마음은 그 사람에게 향하시고 모든 좋은 것으로 필요한 것을 채워 주신다. 어려움을 당하는 자를 힘이 닿는 데까지 돕던 자가 어려움 가운데 있는가? 하나님의 은혜가 그를 부족하게 하시겠는가? 아니다! '주께서 환난 날에 그를 구원해 주실 것이다. 주님은 그를 지켜주고 살려 주며 복을 주실 것이다'.

그런데 그렇게 복된 사람이 누구인가? 그저 값싼 구제를 하여 그저 자신의 눈이 당장에 고통스러운 장면을 보지 않으려는 사람이 아니다. 자선하라고 끈질기게 졸라대는 사람을 조금 도우며 스스로 위안을 받는 사람이 아니다. 희생 없는 선물로 자기 양심을 무마하고는 가난하고 도움이 필요한 사람을 깨끗이 잊어버리면서도 자선가에게 약속된 축복을 은근히 바라는 그런 사람도 아니다. 선물을 주면서 자기 이름을 내려고 하는 사람은 이러한 경우에서 제외된다.

이 축복에 해당되는 사람들은 불쌍하고 가난한 사람을 생각하고 관심을 기울이며 자기가 할 수 있는 일을 하되 자기희생이라는 대가를 치르면서 인간의 재앙의 무게를 경감해 주는 경우이다. 그런 사람들이 정말로 복된 사람들이고 또 복을 받을 사람들이다. 축복은 빼앗길 수 없는 그들의 몫인 것이다.

이 명백한 성질의 것을 영적인 화제로 돌리지 말자. 그것은 우리 개신교도들이 자주 범하는 잘못으로 매우 위험한 것이다. 우리 주님은 가난하고 병든 가엾은 자들에게 세상에서 필요한 축복을 나누어 주기 위하여 소중한 시간을 얼마나 많이 쓰시고 힘을 기울이셨는가? 그렇게 바른 동기에서 행한 사역이야말로 그냥 없어질 수 없는 것이다. 그러한 사역이야말로 하나님을 닮고 그리스도를 닮은 것이기 때문이다.

우리는 이 글을 한 중국 마을에 정박하고 있는 중국 배 안에서 쓰고 있다. 마음이 벅차오른다. 내가 무슨 말을 하겠는가? 여러분께 간청한다. 이 가난한 사람들을 생각해 주기 바란다. 주께서 여러분에게 이 일에 대하여 이해할 수 있도록 해 주시기를 빈다.

20일

능력의 원천
THE SOURCE OF POWER

하나님이 한두 번 하신 말씀을 내가 들었나니
권능은 하나님께 속하였다 하셨도다.
(시편 62:11)

God hath spoken once; twice have I heard this,
that power belongeth unto God.
(Psalm 62:11)

하나님 자신이 대단한 능력의 근원이시다. 능력은 그분이 소유하고 계신 것이다. '능력은 하나님께 속한 것'인데, 하나님은 뜻하신 바를 따라 그 능력을 주권적으로 행사하신다. 그렇다고 해도 변덕스럽거나 독단적인 방식을 사용하는 것이 아니라 이미 밝혀 두었던 목적과 약속을 이루기 위해 능력을 행하신다.

정말 우리의 대적과 방해하는 세력은 많기도 하고 힘도 세다. 그러나 우리 하나님, 살아계신 그분은 전능하시다. 하나님은 선지자 다니엘을 통하여 '자기 하나님을 아는 백성은 강하여 용맹을 떨치리라. …… 큰 공훈을 세울 것이다. ……'(단11:32)고 말씀하셨다.

보통 지식이 힘이라고 하는데 맞는 말이다. 하나님을 아는 지식의 경우에도 완전히 들어맞는 말이다. 자기 하나님을 아는 사람들은 공을 세우려고 시도만 하는 것이 아니라, 실제로 공을 세운다. 성경에서 하는 명령은 무엇인가를 시도하라는 것이 아니다. 하나님의 명령은 언제나 '이것을 하라!'이다. 만일 그 명령이 하나님께서 내리신 것이라면, 우리가 해야 할 일은 순종뿐이다.

더구나 하나님의 능력은 우리가 쓸 수 있도록 주어진 것이다. 우리는 초자연적인 사람들이다. 초자연적으로 태어났고, 초자연적인 능력으로 보호를 받으며, 초자연적인 음식으로 기운을 차리고, 초자연적인 책을 초자연적인 스승으로부터 배우고 있는 사람들이다. 초자연적인 대장께서 확실한 승리의 길로 우리를 인도하신다. 부활하신 구주께서 하늘로 올라가시기 전에 이렇게 말씀하셨다. '하늘과 땅의 모든 권세를 내게 주셨으니, 너희는 가라!' (마28:18-19)

그분은 또 제자들에게 '성령이 너희에게 임하시면 너희가 권능을 받을 것이다'고 말씀해 주셨다. 이 일이 있은 지 며칠이 안 되어 함께 모여 기도했을 때, 성령이 오셔서 그들은 모두 충만해졌다. 하나님을 찬양하라! 성령은 아직도 우리와 함께 계신다. 그때 받았던 능력은 성령이 주신 선물이 아니었다. 그분 자신이 능력이셨다. 오순절 날 강한 능력으로 임하셨던 성령은 오늘날에도 마찬가지로 실제로 역사하신다.

그런데 오순절 전에 온 교회는 그러한 능력이 나타나기를 기도하면서, 다른 모든 일은 제쳐두고 하나님만을 기다리지 않았는가? 우리는 능력의 근원이신 그분보다 방법, 조직, 자원과 같은 일에 지나치게 관심을 기울여 왔다.

21일 당신은 무엇을 소원하는가?
WHAT WILT THOU?

> 이에 예수께서 대답하여 이르시되
> 여자여 네 믿음이 크도다 네 소원대로 되리라.
> (마태복음 15:28)
>
> Then Jesus answered and said unto her,
> O women, great is thy faith;
> be it unto thee even as thou wilt.
> (Matthew 15:28)

여리고의 성벽은 믿음으로 무너졌다. 그런데 그보다 더 믿기 어려운 일이 또 있을까!

우리는 믿음으로 산다. 정말로 그러한가? 그 믿음으로 우리가 취한 것들의 기록이 하늘에 있는가? 우리는 하나님의 자녀로서 정말로 성경 말씀을 믿고 있는가?

우리의 주인께서는 '나는 사람이 아니요 벌레'라고 하셨는데, 당신은 그분처럼 벌레의 자리에까지 내려갈 준비가 되어 있는가?

아니면 우리가 무능하고 아무 것도 아닌 존재임을 알고는 있지만, 만일 산을 옮기는 것이 우리를 향한 하나님의 뜻이라면 그것이 가능하다고 믿고 있는가?

'두려워 말라'고 주님은 옛 선지자를 통하여 말씀하셨다. '두려워 말라, 너 지렁이 같은 야곱아! 내가 너를 이가 날카로운 새 타작기로 삼으리니 네가 산들을 쳐서 부스러기를 만들 것이며 작은 산들을 겨 같이 만들 것이라. 네가 그들을 까부른즉 바람이 그들을 날리겠고 회오리바람이 그들을 흩어버릴 것이로되 너는 여호와로 말미암아 즐거워하겠고 이스라엘의 거룩한 이로 말미암아 자랑하리라.'

그러면 우리가 산을 옮기려면 어떻게 해야 하는가? 우리 주인께서 하신 말씀을 들어보자. '하나님을 믿으라. 내가 진실로 너희에게 말하노니 너희가 이 산더러 옮기어 바다에 빠지라고 명령하고 그것을 마음에 의심하지 않고 믿으면 그대로 되리라' 언제 그렇게 되는가? 주님은 계속해서 말씀하신다. '너희가 기도하고 구한 것을 받은 줄로 믿으면 그대로 될 것이다.' '그러므로 아무 것도 염려하지 말고 모든 일에 기도와 간구로서 너희 구할 것을 감사함으로 하나님께 아뢰라.'

이제 멈추고 스스로에게 질문해 보자. 우리가 소원하고 있는 것이 무엇인가? 그러면 그 약속대로 즉시 이루어달라고 요구하자. 우리가 사랑하는 사람이 구원받지 못했는가? 이겨내야 하는 어려움이 있는가? 옮겨야 할 산이 있는가? 그렇다면 그것들을 가지고 기도로 주님께 가자.

22일 가지 치는 하나님의 칼
GOD'S PRUNING KNIFE

> 사람이 내 안에 거하지 아니하면
> 가지처럼 밖에 버려져 마르나니
> 사람들이 그것을 모아다가 불에 던져 사르느니라.
> (요한복음 15:6)
>
> If a man abide not in Me,
> he is cast forth as a branch, and is withered;
> and men gather them, and cast them into the fire,
> and they are burned.
> (John 15:6)

다른 곳에서 언급한 적이 있지만 여기에서 우리 주님이 가르치는 것은 영혼을 잃는 것에 대한 언급이 아니라 생명력을 잃어서 열매를 맺는 기회를 갖지 못하는 것에 대한 것이다. 주께서는 이 구절에서 하나님 아버지께서만 열매 맺지 않는 가지를 버려두어 마르게 하시는 것이 아니라 사람들도 그것을 모아다가 불에 사른다고 지적하신다. 우리가 자주 보듯이 이것은 얼마나 무서운 사실인가! 오, 죄에는 얼마나 심하게 말라죽게 하는 힘이 있는가? 죽음의 침상에서 회개하고 구원받는 사람들은 참으로 불에서 구원 받는 것 같이 그 삶이 메마르고 황폐한 것이다. 세상은 무정한 주인이다. 그리고 죄도 비록 용서는 받지만 결코 죄를 범하지 않은 것과는 달리 그 결과가 남는다. 다윗도 죄는 용서 받았지만 용서를 전했던 선지자는 다윗의 가문에서 칼이 떠나지 않을 것이라는 말도 함께 전해야 했다. 모든 죄는 심어 놓은 씨앗과 같아서 결과가 있다. 그리고 구주께서 가르쳐 주신 바에 따르면 아무리 은밀한 죄라도 반드시 빛으로 드러날 때가 온다.

오늘날 이 진리를 강조해야 할 필요가 있다. 하나님의 자녀에게도 강조해서 가르쳐야 한다. 사람들은 죄가 얼마나 흉악하고 그 결과가 얼마나 무서운지를 잘 깨닫지도 못하고 제대로 가르치지도 않는다. 많은 사람들이 은혜로우신 하나님께서 용서하신 죄를 다시 기억하지도 않으신다고 약속하신 말씀은 기억하지만, '하나님은 선악 간에 행한 모든 은밀한 일을 심판하신다'고 하신 말씀은 잊고 있다. 그 말씀은 사람이 범한 죄에는 없어지지 않는 세력이 있다는 뜻이다. 주님께서 친히 하신 말씀이 있다. '숨겨진 것이 밝혀지지 않는 것이 없고 감추어진 것이 나타나지 않을 것이 없다.' 그리고 바울도 '우리는 모두 그리스도의 심판대 앞에 설 것이다'라고 했다.

그것만이 아니다; 이 세상에서 살 때에도 어느 정도 심은 대로 거둔다. 사람의 손으로부터 오는 것이라고 해도 그것이 당신의 자녀를 징벌하는 하나님의 검일 때가 많다.

23일 하나님께 구별하여 드림

SEPARATION UNTO GOD

나실인의 서원은 자기 몸을 구별하여
여호와께 드리는 것이다.
(민수기 6:2, 4)

The vow of a Nazarite, to separate himself unto Jehovah.
(Numbers 6:2, 4)

　이때 조금 계시되었던 말씀이 신약에서는 더욱 온전한 형태로 계시된다. 구약에서는 부분적이고 일시적으로 허락되었던 축복들이 이 은혜의 시대에는 영원하고도 온전한 축복으로 우리에게 주어진다. 예를 들어 이스라엘은 나실인의 서원을 할 때 일정한 기간 동안만 하나님께 자기 몸을 구별하여 드렸다. 그러나 지금 그리스도인은 영광스럽게도 자신이 언제나 하나님께 구별되어 드려진 존재임을 알고 있다.

　이스라엘은 제사장 나라가 될 수 있었다. 그런데 전 국가적으로 죄를 범하여 이 특권을 박탈당했다. 그러나 하나님께서는 당신께 가까이 가기를 원하는 개인에게 그렇게 될 수 있는 길을 열어 주셨다. 한

가지 중요하게 언급할 점은 비록 나실인의 맹세가 한시적인 헌신일 뿐이었다고 해도, 그동안에는 하나님의 뜻을 절대적으로 수용해야 했다. 오늘날에도 하나님께서는 당신의 백성들에게 충만한 축복을 주고 싶어 하시지만, 그것은 그분과 노선이 같아야 받을 수 있는 것이다. 하나님께 헌신하는 것은 자발적인 일이기 때문에 받는 정도도 그리스도인마다 다른 것이다. 구원은 거저 받는 선물이지만 '그리스도를 얻는 일'은 전폭적으로 확실하게 순종할 때라야 비로소 가능한 것이다.

하나님께서 동산에 있는 금단의 나무를 가지고 아담의 순종을 시험하셨다. 마찬가지로 나실인도 순종에 대한 시험을 겪는다. 그 자체로 해로운 것이 아니지만, 아무 것도 아닌 것 같은 사건에서 하나님의 뜻을 행하는지 행하지 않는지를 보는 것이다. 가장 귀한 사역이기 때문에 가장 큰 희생이 요구되는 것인데 거기에는 최고의 축복이 보장되어 있다.

그런데 하나님께서는 당신 종의 외모도 당신 마음대로 하겠다고 주장하셨다. 나실인으로 있을 동안에는 절대로 삭도를 머리에 대지 말라고 명령하신 것이다. 외모가 이상하면 마음이 많이 움츠러든다. 그런데 하나님께서는 자주 당신의 백성이 확실히 이상하게 보이도록 하신다. 그분께 우리의 존재와 우리가 가진 모든 것을 기쁘게 드리지 않겠는가? 우리 몸의 모든 지체와 모든 기질, 정신적 능력, 의지 그리고 우리의 사랑을 즐거이 그분께 드리지 않겠는가?

24일

각기 직임대로
ACCORDING TO HIS SERVICE

여호와께서 모세에게 말씀하여 이르시되,
그것을 그들에게서 받아 레위인에게 주어
각기 직임대로 회막 봉사에 쓰게 할지니라.
(민수기 7:4~5)

And the LORD spake unto Moses, saying,
Take it of them, that they may be to do the service
of the tabernacle of the congregation;
and thou shalt give them unto the Levites,
to every man according to his service.
(Numbers 7:4~5)

이스라엘의 지휘관들이 주께 헌물을 가져왔고 주님은 그것을 받으셨다. 받아서 그것을 레위인에게 주라고 하셨다. 레위인은 하나님의 특별한 소유로서 하나님을 위해 봉사하는 사람들이었기 때문이었다.
그런데 주께서는 그것을 레위족에게 균등하게 나누어 주라고 하지 않으셨다. 수레가 여섯 대이고 레위 지파는 세 종족이었다. 므라리에게 네 대, 게르손에게 두 대를 주었지만 '고핫 자손에게는 한 대도 주지 않았다.' 얼핏 보면 매우 불공평한 것 같다. 그런데 '각기 직임대로' 주는 것이 그때나 지금이나 주님의 계획이셨다.

성막의 물건 중에서 가장 무거운 것을 지는 것이 므라리의 몫이었다. 널판과 그 띠와 기둥과 그 무거운 은 받침과 그 모든 기구와 그것에 쓰는 모든 것 등등이었는데 성막 안에 쓰인 받침대만 해도 은 5톤 이상의 무게가 되었다. 므라리가 져야 할 짐들은 그렇게 무거운 것이었다. 게르손의 임무는 성막과 장막의 덮개와 휘장 문과 그 모든 것에 쓰는 줄들을 운반하는 일이었다. 므라리에게는 네 대가 필요했지만 이 일을 위해서는 수레 두 대로 충분했다. 그런데 고핫에게는 어찌된 일인가? 고핫이 져야할 짐도 가벼운 것이 아니었다. 증거궤와 상과 등잔대와 제단들과 성소에서 봉사하는 데 쓰는 기구들과 휘장과 그것에 쓰는 모든 것을 고핫 자손이 운반해야 했다. 정말로 무거운 것들이었지만 아무런 도움을 받을 수 없었다. '왜냐하면 그들에게 속한 성소의 직무는 어깨로 메는 것이었기 때문이었다.

하나님의 자녀들도 가끔씩 자기가 감당할 직무가 무거운데 아무런 도움을 받지 못할 때 불평하고 싶은 유혹을 받는다. 자기들이 맡은 몫을 더 도움을 많이 받는 다른 직무와 비교하기도 한다. 그러나 하나님은 실수하지 않으신다. 각기 직무를 따라서 도움을 나누어 주신다. 그리고 가장 성스러운 직임에 부르심을 받은 자들은 거의 아무런 도움도 받을 수 없다. 그들은 함께 나누어 질 수 없는 거룩한 짐을 자신의 어깨에 지는 특권을 받은 사람들이다.

25일 즐거이 자원해서 드리는 헌물

GLAD, FREE-WILL OFFERINGS

첫째 날에 헌물을 드린 자는
유다 지파 암미나답의 아들 나손이라.
(민수기 7:12~17)

And he that offered his offering the first day was Nahshon
the son of Amminadab, of the tribe of Judah:
(Numbers 7:12~17)

본문은 12지파의 지휘관들이 헌물을 드리는 내용이다. 누가 보아도 매우 값진 것을, 사랑하기 때문에 드린 그 사람들이 이 영감 있는 기록에서 가장 두드러지게 나타난다. 드린 헌물을 하나하나 전부 열거하고 나면, 그 헌물을 누가 드렸는지를 다시 우리에게 상기시킨다. 하나님의 사랑과 만족을 이 이상 더 잘 표현할 수 있었을까?

이것을 염두에 두고 말씀의 행간을 읽어보자. 헌물을 드린 사람은 나손이었다. 즐겁게 자원하는 마음으로 드린 헌물이었다. 그 기록 뒤에 무엇을 드렸는지 그 헌물의 내역이 자세히 나온다. 모두 오직 하나님의 기쁨과 만족을 위해서 드린 것이다. 이 모든 내역을 12번이나 상세하게 기록했다. 이것은 하나님께서 당신의 백성의 헌신에 대해 언급하시는 일을 결코 지켜워하지 않으신다는 증거가 아니겠는가? 그런데 그것이 전부가 아니다. 그 뒤에 제단에도 봉헌물을 드렸다. '이는—이 모든 것은—제단의 봉헌물이었더라.'

이 막대한 가치의 헌물을 기쁜 마음으로 요약하면서 우리가 더 알 수 있는 것이 있다. 하나님께서는 헌물을 드리는 당신의 백성과 그들이 사랑으로 드리는 헌물을 매우 흐뭇해하실 뿐 아니라 그 헌물을 드리는 목적에도 특별히 주목하게 하신다. '이것은 제단의 봉헌물이었다.'

놋 제단이 얼마나 중요한지 이루 말할 수가 없다. 제단 없이는 인간이 죄인으로서 성막과 그 안에 포함된 모든 것에 가까이 갈 수 있는 길이 없었다. 피흘림이 없으면 죄사함이 없는 것이다. 그러니 우리는 여기에서 놀라우신 하나님의 사랑이 계시된 것을 본다. 우선 하나님께 가까이 오라는 초대를 누구나 받고 있다. 어느 종족의 남녀이든지 누구나 원하기만 하면 와도 된다. 단 하나님의 방식이어야 한다. 하나님께서 우리의 묵상이 매우 실제적이 되게 해 주시기를 빈다. 우리는 그렇게 살고 있는가? 우리 삶을 보고 우리 형제, 자매, 아이들, 친구들이 무슨 결론을 내리고 있는가? 그리스도를 위하여 우리가 얼마나 드리는가를 보면 우리가 얼마나 십자가를 실제로 가치 있게 여기고 있는가를 알 수 있다.

26일 농부이신 하나님 아버지의 방법
THE DIVINE HUSBANDMAN'S METHODS

무릇 내게 붙어 있어 열매를 맺지 아니하는 가지는
아버지께서 그것을 제거해 버리시고
무릇 열매를 맺는 가지는 더 열매를 맺게 하려 하여
그것을 깨끗하게 하시느니라.
(요한복음 15:2)

Every branch in me that beareth not fruit he taketh away:
and every branch that beareth fruit, he purgeth it,
that it may bring forth more fruit.
(John 15:2)

참 포도나무를 재배하는 일은 미숙한 도제의 손에 맡기지 않는다. 능숙하신 아버지께서 친히 이 일을 맡으신다. 농부에게는 아랫사람이 없다. 그리스도인을 양떼라고 할 때 목자에게는 그 아래에서 일하는 소목자가 눈에 띠기도 한다. 그러나 모든 신자는 각자 가지로서 참 포도나무에 직접 붙어 있다. 그러면서 위대하신 농부의 돌보심 가운데 필요한 것을 전부 공급받는다.

이는 매우 복된 일이다. 가지치기가 덜 되거나 지나치게 되는 일은 절대로 없다. 그분께서 모든 가지를 제각각 튼튼하게 만드시고 보존하신다. 그분은 가지 하나하나에 무엇이 필요한지를 아시고 그것을 공급해 주신다. 햇빛이나 그늘, 어두움 또는 빛, 좋은 날씨 아니면 소나기 등 그분이 보시기에 가장 좋은 것으로 베푸신다. 가지는 걱정이나 근심을 할 필요가 없으며 그저 만족한 마음으로 거하면 된다.

우리는 이 말씀에서 그리스도 안에 있으면서도 열매를 맺지 못할 수 있다는 엄숙한 사실을 배운다. 이 말씀은 자기가 실제로 그리스도 안에 있지 않으면서 그저 고백만 하는 신자에 대한 이야기가 아니다. 이 구절의 주제는 구원이 아니라 열매이다. 열매를 맺지 않아 밖에 버려지는 가지는 구원받지 못한 영혼이 아니다. 그것은 잃어버린 삶이다. 롯이 소돔에서 나올 때처럼 그렇게 불 가운데서 구원받는 사람이 있을 수 있다. 재산도 다 잃고 아내와 아이들도 잃었다. 구원은 받았지만 그 상실의 정도는 오직 영원만이 밝혀줄 것이다. 주님은 당신의 백성이 세상이나 세상 것을 사랑하지 못하도록 지켜주신다.

위대하신 농부께서는 열매 맺지 못하는 가지는 제거해 버리시지만 열매 맺는 가지는 열매를 더 많이 맺게 하기 위하여 깨끗하게 하신다. 농부이신 하나님의 방법이 반드시 혹독한 것은 아니다. 그분은 말씀으로 깨끗하게 하신다. 성령께서 온유한 음성으로 하나님의 말씀을 들려주실 때 잘 들으면 가혹하고 고통스러운 훈련은 필요하지 않을 수 있다. 하나님의 말씀이 우리 안에 더욱 풍성히 거하고 우리가 더욱 절대적으로 성령의 인도에 순종했다면 우리에게 요구되었던 금지나 강제 중 많은 부분이 거의 필요하지 않았을 것이다.

27일 그리스도 안에 거하기

ABIDING IN CHRIST

> 내 안에 거하라 나도 너희 안에 거하리라
> 가지가 포도나무에 붙어 있지 아니하면 스스로 열매를
> 맺을 수 없음 같이 너희도 내 안에 있지 아니하면 그러하리라.
> (요한복음 15:4)
>
> Abide in me, and I in you. As the branch cannot bear fruit of itself,
> except it abide in the vine; no more can ye, except ye abide in me.
> (John 15:4)

'거하라'는 말에 다른 복잡한 의미가 있는 것은 아니다. 본문에서 이 말은 '남아 있으라,' '계속하라'는 의미로 표현이 되고 있고, 또 다른 곳에서는 '거주하다'로 번역되기도 한다. 이 말이 주는 인상은 노동 보다는 안식에 있다. 노력하여 얻거나 고군분투하는 것이 아니라 활동하지 않고 조용히 즐기는 것이다. 이 단순한 사실을 깨닫지 못하여 성도들이 그리스도 안에 거하여 얻는 하나님의 안식을 즐기지 못하고 있다. 그 안식을 방해하는 거짓의 뿌리가 그러한 몰이해에 있는 것이다.

우리도 오랫동안 주 안에 거하기를 사모했지만, 그것이 매우 높이

있기 때문에 우리가 도달하지 못하는 것이라고 생각했다. 그 영적인 고지에 다다르는 데 필요한 힘이 우리에게 없다고 생각했고, 아니면 우리의 약한 힘으로는 계속 그곳에 있기에 합당하지 않다고 생각했다. 다시 말하지만 우리는 거하는 것을 감정과 혼동했다. 그리스도 안에 거하기 위해서는 우리 마음이 그분께 고정되어서 최소한 그분의 임재 의식을 유지하고 있어야 한다고 생각했다. 그러지 못하면 매우 당황하고 낙담이 되었다. 거하는 것이 불가능할 수가 없는데도 우리에게 가능하지 않은 것 같았다. 거하는 것을 양분을 섭취하는 것과 같은 의식적이고 자발적인 행위로 생각했기 때문이었다.

우리는 먹은 음식 덕분에 지속적으로 힘을 얻는다. 간격을 두고 먹지만 지속적으로 살아 있고 일할 수 있는 것이다. 거하기 위해서는 애를 써서 노력해야 하는 것으로 알고 있었지만, 전혀 그렇지 않다. 전혀 힘이 필요 없다. 가장 약한 사람도 거할 수 있다. 생후 한 달 된 아기를 요람에 두면 틀림없이 그대로 그곳에 누워 있을 것이다. 그러나 일 년이 지난 아기는 아마 그대로 있지 않고 떨어져서 위험할 것이다.

다시 말하지만 거하는 것은 자각과는 아무 관계가 없는 사실이다. 밤에 잠이 들었다고 해서 집에 거하지 않게 되는가? 기차를 타고 가다가 잠이 들었다고 목적지를 향해 가는 걸음이 멈춰지는가? 이와 같이 그리스도 안에 거하는 것은 감정이나 자각의 문제가 아니다. 그것은 믿어서 알게 되는 상태이고 거함의 실제는 그 결과로 증명이 되는 것이다.

28일 그리스도 안에 거하는 방법
HOW TO ABIDE IN CHRIST

내 안에 거하라, 나도 너희 안에 거하리라.
(요한복음 15:4)

Abide in Me, and I in you.
(John 15:4)

이렇게 이중으로 표현한 것은 특이하며 중요하다. 주님은 우리가 서로 안에 거한다는 개념을 이해하기를 바라셨고 그 상태를 유지하라고 촉구하고 계시다. 이중적 형태는 마치 한 잔의 와인에 물이 섞인 것과 같은 연합과 일체화를 시사한다.

가지가 되는 방법은 배우는 것이 아니다. '너희는 가지이다.' 우리가 신자가 된 것은 고군분투해서 얻어 낸 것이 아니라 믿어서 된 것이다. 가지가 나무에 붙어 있으면 여러 가지로 받는 축복이 있다. 어떻게 하면 실제적으로 그 안에 거하여 그 모든 축복을 받을 수 있는가? 우리가 먹는 음식이 어떻게 우리 몸에 영향을 주는가를 생각해 보자. 그것은 생명을 주는 것은 아니어도 어린이에게는 성장과 발육에, 어른에게는 건강과 원기를 유지해 주는 데 필수불가결한 것이다. 몸 전체는 음식이 생명의 영향 아래 변형된 것이다. 그러한 몸으로 살고 있으니 한편으로는 우리가 음식으로 산다고 말할 수 있고 다른 한 편으로는 우리가 먹은 음식이 우리 안에 거하고 있다고 말할 수 있는 것이다. 이것은 서로 안에 거하는 것이 무엇인지를 보여주는 아름다운 예이다. 그와 같이 우리는 그리스도께서 먹여주시는 음식을 먹으며 그분 안에 거하고 그분은 우리 안에 거하신다. '내 살을 먹고 내 피를 마시는 자는 내 안에 거하고 나도 그 안에 거하느니라.'

'먹는다'는 단어의 시제에 주목해 보자. 그것은 습관적인 현재이다. 먹는 것이 곧 거하는 것이라고 말하지 않는다. 자기가 먹을 수 있고 실제로 먹고 있는 사람이 거하고 있는 것이다. 많은 사람이 음식을 취하는 대신에 습관적으로 굶기 때문에 거하는 일에 실패한다. 일단 아기가 어른으로 자라나면 사람을 조각내서 아기로 만들 수는 없다. 그렇지만 굶는 상태가 서서히 진행되면 어른이라도 곧 아기처럼 약해질 것이다.

이렇게 말하는 사람도 있을 것이다. '나는 계속 은혜의 방편을 사용하고 있었다. 그렇지만 거하지 않아서 열매를 많이 맺지 못했다.' 이것이 보편적으로 하는 경험이다. 한 사람이 가난한 친구의 주머니에 살짝 금화를 하나 집어넣었다고 하자. 그 친구가 그것을 발견하지 못하면 배고파하며 그냥 빵집을 지나쳐 갈 수 있다. 하지만 그 돈을 발견하면 그것으로 무엇이든지 살 수 있다. 마찬가지로 거한다는 사실을 깨닫게 되면 즉시로 기뻐진다. 믿음은 먼저 사실을 파악해야 하는 것이다.

29일

하나님의 뜻 1

THE WILL OF GOD 1

너희는 이 세대를 본받지 말고
오직 마음을 새롭게 함으로 변화를 받아
하나님의 선하시고 기뻐하시고 온전하신 뜻이 무엇인지
분별하도록 하라.
(로마서 12:2)

Be not conformed to this world:
but be ye transformed by the renewing of your mind,
that ye may prove what is that good, and acceptable, and perfect, will of God.
(Romans 12:2)

하나님이 하나님이시라는 사실로 우리는 충분히 만족할 수 있다. 그분의 뜻은 필연적으로 선하고 완전하기 때문에 우리에게 기쁨이 된다. 무한한 사랑이신 그분께서 무한한 지혜와 무한한 자원을 가지고 무엇인가를 하려고 하신다면 어떻게 그 뜻이 좋지 않고 완전하지 않을 수 있겠는가? 그런데 그것이 우리 마음에 들지 않는다면 분명 우리가 잘못되고 어리석어서 그런 것이 아니겠는가? 우리는 자비하신 하나님께서 막대한 대가를 치르고 구속하신 자녀이다. 하나님의 사랑받는 친 자녀라는 우리의 위치가 우리 몸을 산제사로 하나님께 드리도록 강권한다. 무한한 사랑으로 구속받은 자녀이기 때문에 오직 그분의 뜻을 분별하고 행하는 일에만 집중하면서 우리의 모든 것을 실질적으로 그분을 섬기는 제단 위에 올려놓는 것이다.

이 말씀을 보면 하나님의 뜻을 대적하는 세상의 뜻이 있는 것이 분명하다. 우리는 조심해서 세상의 뜻에 동화되는 것을 피하고 하나님의 뜻에 일치되도록 영적인 변화를 받아야 한다. 그리스도인이라면 모두 이 말씀에 신학적으로 동의할 것이다. 그런데 실제 삶에서는 간과할 때가 많다. 아니면 그것을 충분히 인식하지 못하고 있다.

부모로부터 받을 가능성이 있는 것을 취하려고 탐욕을 부리면서, 부모가 마음으로 소원하는 따뜻한 마음과 배려는 거의 보이지 않는 자녀의 모습은 사랑스럽지 않다. 우리는 어떠한가? 하나님의 자녀로서 이러한 악을 저지르지 않기 위해서 충분히 조심하고 있는가? 자기도 알지 못하는 사이에 거룩한 일에까지 이기심이 들어오지 않았는가? 심지어 영적인 깊이를 추구하는 것도 진정으로 하나님을 기쁘시게 하고 우리 동료들에게 유익을 주기 위해서가 아니라 자신의 영적 만족을 채우려는 목적 때문은 아닌가?

경건함이 하나님을 닮는 것을 의미하고, 참 그리스도인이 된다는 것은 그리스도를 닮는 것을, 거룩하다는 것은 약속의 성령께 순응하여 따름을 의미한다면, 우리는 높은 것을 부러워하지 않을 것이다. 대신에 준비된 마음으로 가장 낮은 곳을 찾아갈 것이다. 그렇게 해서 잃은 영혼, 파괴된 영혼을 구원할 수 있다면 그곳이 세상 어느 곳이든지 찾아갈 것이다.

30일

하나님의 뜻 2
THE WILL OF GOD 2

그리스도께서 하나님 곧 우리 아버지의 뜻을 따라
이 악한 세대에서 우리를 건지시려고
우리 죄를 대속하기 위하여 자기 몸을 주셨으니.
(갈라디아서 1:4)

Who gave himself for our sins,
that he might deliver us from this present evil world,
according to the will of God and our Father:
(Gal. 1:4)

하나님의 뜻과 목적은 성경에 두드러지게 나타나 있다. 주 예수 그리스도께서 '우리 죄를 위하여 자신을 주심은 하나님의 뜻을 좇아 이 악한 세상에서 우리를 구원하려 하심이라.' 이 위대한 목적은 사탄이 하나님의 아름다운 창조세계를 망쳐놓은 후에 생각하신 것이 아니다. 영원 전 멀고 먼 그 옛날 아버지께는 보물─사랑하시는 아들─이 있었다. 성경은 그분에 대하여 이렇게 말한다. '주께서 그 길의 시작에 나를 소유하고 계셨다. 나는 날마다 그분의 기쁨이었다.'

바로 그분께 아버지께서는 천지를 창조하실 때 당신의 영광스러운 계획을 실행하도록 맡기셨다. 그리고 하나님께서는 그분이 언제나 바로 당신의 뜻을 행할 준비가 되어 있다는 것을 아셨다. 하나님의 형상으로 인간을 창조하시기 훨씬 이전에, 하나님께서는 당신의 형상이 훼손될 것을 아시고 타락한 인생을 구속하기로 뜻을 정하셨다. 그 대가가 얼마나 값비싼 것이었던지! 하나님은 사랑하시는 그분을 내주어야 했다. 그러한 값을 치르고 하나님께서는 당신의 뜻을 성취하셨다. '하나님이 세상을 이처럼 사랑하사 주신 것'이다.

그런데 하나님의 아들, 하나님이 사랑하시던 그분은 이 하나님의 뜻을 어떻게 보셨는가? 자신을 비우실 때 마음이 내키지 않는데 억지로 그렇게 하셨는가? 아니다! 그분은 '자기 앞에 있는 즐거움을 위하여 십자가를 참으시고 부끄러움을 개의치 않으셨다.' 자신의 생명을 기꺼이 희생제물로 드리셨다.

아, 그러한 아버지와 아들의 정신이 우리에게는 얼마나 부족한가! 참으로 신실하지 못한 종들이었다! 구세주의 생명을 희생하여 구원받은 것에 기뻐하면서도 그분의 사역을 위해서 우리의 삶을 포기하는 일에는 얼마나 인색하였는지! 우리 중 멸망으로 치닫는 이 세상에 대하여 피묻은 죄에서 자유롭다고 말할 수 있는 사람이 있는가? '내게 있는 모든 것을 제단 위에 드린다'고 찬양할 수는 있다. 그러면서도 이 방인의 구원을 위해서 손의 가락지나 벽에 걸린 그림, 또는 가정의 자녀를 드리는 일에는 준비되어 있지 않다. 우리 삶을 산 제물로 드리기 위해 참으로 마음을 새롭게 하여 변화를 받고 있는가?

2
삶의 유산
The Legacy of His Life

> 하나님의 말씀을 너희에게 일러 주고
> 너희를 인도하던 자들을 생각하라.
> (히브리서 13:7)
> Remember your leaders,
> those who first spake God's message to you.
> (Hebrews 13:7)

앞서 허드슨 테일러의 메시지의 유산을 살펴보았는데, 그것은 삶의 유산과 분리하여 생각할 수 없는 것이다. 그 둘은 하나이며 같은 것이어야 하지 않는가?

그래서 그는 이런 기록을 남겼다. '기록된 하나님의 말씀과 삶으로 옮겨진 하나님의 말씀 사이에는 매우 긴밀한 관련이 있음을 상기해야 한다. 어느 것 하나를 떼어 내어 그것만을 좋아할 수 없는 것이다. 기록된 말씀을 통해서 보아야 육신이 되었던 말씀, 즉 죽음에서 부활하신 그분의 참 모습을 이해할 수가 있다.' 반면 삶이 온전하면 말로만 전하는 메시지로는 불가능한 것을 강조하여 전달할 수 있다. 그때에야 부분적으로 보이던 것이 온전히 보인다. 그 사람을 지배하고 있는 열정이 무엇인지가 더 분명해진다.

오케스트라에서는 연주되는 악기마다 분명하게 구별된 공헌을 하고 있다. 악보가 음표를 정하지만, 또한 각 악기가 지닌 특색도 음조와 기능의 질을 결정하는 것이다. 하나님의 악기들은 서로 다르다. 각 개인의 삶마다 자기만의 독특한 메시지가 있을 뿐 아니라 특별한 성질도 가지고 있다. 이러한 것을 우리는 루터나 웨슬리, 번연, 허드슨 테일러에게서 볼 수 있다. 그 사람들이 다양하듯이 그들이 강조하여 전하는 메시지들도 다양하다.

풀러톤 박사는 번연이 우리에게 남긴 유산을 '은혜의 확신'이라고 했다. '은혜! 넘치는 은혜! 죄인 중 괴수에게 주시는 넘치는 은혜! 이것은 그가 쓴 위대한 책에 언제나 압도적으로 등장하는 주제일 뿐 아니라 그가 한 모든 경험이 이 한 가지 선상에서 엮이고 어디에서 시작하든지 반드시 되돌아오는 주제'라고 했다.

허드슨 테일러에 대해서는 바로 이 글에서 한 단어만 바꾸면 되었을 것이다. '은혜' 대신에 '믿음'만 바꾸면 다른 수정은 필요 없다. 허드슨 테일러가 남긴 유산은 믿음에의 확신이다. 믿음! 하나님을 믿으라! 하나님의 신실하심을 붙들라! 우리는 그분을 부인할지라도 그분은 신실하게 우리 안에 거하신다. 이것이 되풀이되는 음악처럼 그의 삶을 지배하던 메시지였고 자주 나오던 주제였다. 허드슨 테일러가 교회에 기여한 부분이 다양하고 풍성하지만, 두드러지게 뛰어났던 점은 바로 이것이었다. 하나님을 믿었기 때문에 그의 삶에 힘이 있었다.

그 믿음이 그가 이룬 업적을 설명할 수 있는 단어였다.

허드슨 테일러는 의심 없이 하나님께서 당신의 말씀을 반드시 지키신다는 사실에 자신의 모든 것을 걸었다. 헐이나 런던에서 의학을 배울 때부터 중국에서 생애의 마지막을 보낼 때까지 그것은 그에게 한결같은 진리였다. 그가 얼마나 절대적으로 이 믿음에 자신의 모든 것을 걸었는지 오늘날에는 약간의 상상력이 필요하다. 그는 쉬운 길을 선택하지 않았다. 살면서 매우 가혹하고 무자비한 상황을 만났다. 세상이 원래 힘들기는 하지만 하나님의 사랑을 모르는 땅에서는 더욱 무자비하고 잔인할 수 있었다. 그럼에도 불구하고 그는 인간의 도움을 거의 기대할 수 없는 곳으로 갔다. 자기 뒤에 있는 배를 태워버리고 모든 위험을 감수했다. 거기에서 그는 믿음이 실상인 것을 발견했다. 믿음은 '바라는 것들의 실상이고 보이지 않는 것들의 증거였다.'

허드슨 테일러는 수많은 우여곡절을 겪었기 때문에 사람과 사건에 대해서 잘 알고 있었다. 그 모든 상황 속에서 그는 하나님의 신실하심을 증명해 보였다. 다양하고 오랜 그의 경력과 그것이 이루어낸 사역과 쟁점들은 모두 하나님의 백성이 이어받을 유산이다. 그는 하나님을 신뢰하고 따르려는 사람들이 하나님과 하나님의 약속을 쉽게 믿을 수 있도록 해주었다. 이것은 작은 유산이 아니다.

그의 메시지에 능력이 있었던 것은 이 믿음이 지배하던 그의 삶 때문이었다. 말씀에 권위를 주는 것은 그 배후에 있는 인물이다. 바울과 실라의 믿음이 빌립보 간수가 믿음을 갖게 했다. 그들이 감옥에서 지녔던 태도, 지진 가운데에서도 요동하지 않던 삶의 방식이 확신을 갖게 했다. 삶이 메시지의 진정성을 증명한다. 그리고 메시지는 삶을 설명한다.

1일 하나님의 신실하심을 붙들라
HOLD GOD'S FAITHFULNESS

예수께서 그들에게 대답하여 이르시되
하나님을 믿으라.
(마가복음 11:22)

And Jesus answering saith unto them, Have faith in God.
(Mark 11: 22)

우리 주께서 마가복음 11:22에서 말씀하신 의도는 '하나님을 믿으라'는 것인데, 그 난외의 의미를 더 문자적으로 번역하면 '하나님의 믿음을 가지라'이다.

사람에게는 신조가 필요하다. 여기에 짧고 명료하며 적절한 신조가 하나 있는데 매우 영감이 있는 것이다. 그것은 나이나 국적에 관계없이 모든 인간에게 필요한 것을 채워줄 수 있고 일상에서 만나는 모든 환경에 적합한 것이다. 인간이 현세에서 만나는 모든 사건에 영향을 주며 영적으로 결핍한 것을 채워주는 것이다. 우리는 하나님의 신실하심에 의지하여 '우리에게 일용할 양식을 주옵소서!' 하고 필요한 양식을 구해야 한다. 우리는 또 들의 백합화를 입히시는 그분께 우리의 의복을 구해야 한다. 세상의 모든 염려를 그분께 가져와서 아무 것도 염려하지 말아야 한다. 또 마찬가지로 영적으로 필요한 것도 모두 그분께 구하면서 '필요할 때 도와주시는 은혜를 찾고 자비하심을 얻어야 한다.'

우리의 길이 어두운가? 그분이 우리의 태양이시다. 위험 속에 있는가? 그분이 우리의 방패이시다. 그분을 믿으면 부끄러움을 당하지 않을 것이다. 혹시 우리의 믿음이 부족해도 그분은 당신의 뜻을 이루신다. '우리에게는 믿음이 없을지라도 그분은 언제나 신실하시다.'

믿음이 부족한 데는 그 뿌리에 우리의 죄와 연약함이 있다. 오직 그분을 바라보고 그분의 신실하심을 주시할 때 그러한 죄에서 벗어날 수 있다. 어두운 가운데 호수의 수면에서 나오는 빛은 태양 빛이 반사되어 나오는 것이다. 마찬가지로 인간의 믿음도 하나님의 믿음이 반사되어 나오는 흔적이다. 하나님의 믿음을 붙드는 사람은 무모하거나 저돌적이지 않으면서도, 언제나 어떤 긴급 상황이라도 대처할 준비가 되어 있을 것이다. 하나님을 믿는 사람은 아무리 상황이 불리해 보여도 용기를 가지고 그분께 순종할 것이다.

---

* '하나님의 신실하심'은 로마서 3:3의 번역을 보라. '하나님의 믿음'이 분명히 그분의 신실하심을 의미하는 것으로 되어 있다. '붙들라'로 번역된 동사는 마태복음 21:26에서 '모든 사람이 요한을 선지자로 여겼다' 같은 구절이 마가복음 11:32에서는 '여기다'로 번역되었고 누가복음 20:6에서는 다른 희랍어 단어를 써서 '요한을 선지자로 인정했다.-요한이 선지자임을 납득한다'고 되어 있다. 원래 의미를 잘 묘사한 표현이다. 이론적으로 이렇게 생각하면 되겠다. 우리는 하나님이 신실하신 것을 믿고, 그렇게 여기면서 날마다 생활하며, 언제 어떤 상황에서도 이것이 복된 진리임을 완전히 확신해야 한다.

하나님을 믿으라

HAVE FAITH IN GOD

2일

예수께서 그들에게 대답하여 이르시되
하나님을 믿으라.
(마가복음 11:22)

And Jesus answering saith unto them,
Have faith in God.
(Mark 11:22)

하나님을 믿으라. 아브라함은 하나님을 믿었다. 그래서 하나님이 능히 다시 살려 주실 줄로 믿고 이삭을 제물로 드렸다. 모세도 하나님을 믿었기 때문에 수백만 이스라엘 백성을 황량한 광야로 인도했다. 여호수아는 이스라엘은 잘 알았지만 가나안의 요새나 그들의 용감한 전술에 대해서는 아무 것도 몰랐다. 그러나 하나님을 믿고 백성들을 데리고 요단강을 건넜다. 사도들도 하나님을 믿었기 때문에 유대인의 미움이나 이방인의 적개심에 조금도 굴하지 않았다. '그러니 내가 무슨 말을 더 하리요? 그들은 믿음으로 나라들을 이기기도 하며 의를 행하기도 하며 약속을 받기도 하며 사자들의 입을 막기도 하며, 불의 세력을 멸하기도 하며 칼날을 피하기도 하며 연약한 가운데서 강하게 되기도 하며 전쟁에 용감하게 되어 이방 사람들의 진을 물리치기도' 하였다.

사탄에게도 자기의 신조가 있다. '하나님의 신실하심을 의심하라.' '정말 하나님이 말씀하신 거야? 그분이 명령하신 것이라고 착각하는 거 아니야? 정말로 그런 의미는 아닐 거야. 그러실 수 없어. 네가 지나치게 생각하는 거야. 말씀을 너무 문자 그대로 받아들이는 거지.' 아, 사탄은 성도들이 전심으로 하나님을 믿고 전심으로 헌신하는 일을 막기 위해 끊임없이 그런 논법을 사용한다. 그런데 그 일에 성공하고 있으니 얼마나 슬픈 일인지….

하나님의 거인들은 모두 연약한 사람들이었지만 하나님이 자기와 함께하신다고 믿었기 때문에 하나님을 위해서 위대한 일을 할 수 있었다. 다윗이나 요나단과 그의 병기 잡는 자, 아사, 여호사밧, 그 이외 많은 사람들을 보라. 오, 사랑하는 친구들이여, 살아계신 하나님이 성실하며 진실하시다면, 그분을 믿자. 그분을 믿으면 중국의 모든 성에 들어갈 수 있다. 그분의 신실하심을 붙들고 있으면 조용하며 엄숙하지만 자신 있게 모든 환난과 위험을 맞을 수 있고 승리를 확신할 수 있다. 사역을 할 때 은혜 주실 것을 기대할 수 있다. 일하는 데 필요한 금전적인 도움, 필요한 시설, 궁극적인 성공이 전부 은혜로 주어질 것이다. 부분적으로만 믿지 말고 날마다 순간마다 '하나님의 신실하심을 붙들며' 그분을 섬기자.

3일

자기 부인과 자기주장
SELF-DENIAL VERSUS SELF-ASSERTION

아무든지 나를 따라오려거든 자기를 부인하고
날마다 제 십자가를 지고 나를 따를 것이니라.
(누가복음 9:23)

*If any man will come after me, let him deny himself,
and take up his cross daily, and follow me.*
(Luke 9:23)

우리는 주 예수님의 생애 중에서 십자가를 지신 일은 당연히 그분께만 속했던 일이었다고 생각할 수 있다. 너무도 자연스럽게 범하는 그러한 실수를 경계하기 위해서 주 예수님은 누구든지 그분의 제자가 되려면 반드시 자기를 부인하고 날마다 자기 십자가를 지고 주님을 따라야 한다고 가르쳐 주셨다. 그것은 해도 되고 안 해도 되는 그런 일이 아니었다.

이 훈계는 꼭 그래야 하는 것인가? 자기 탐닉이나 자기주장의 유혹은 언제나 있고 우리는 그러한 행위가 그리스도를 닮은 것이 아니라는 생각조차 하지 못하면서 계속 그런 길로 가고 있다. 자기 부인이 의미하는 바는 확실히 자기탐닉을 그저 가볍게 조금 줄이는 정도보다 훨씬 중대한 것이다.

우리는 신자로서 그리스도와 함께 십자가에 못 박혔다고 공언한다. 바울은 이것을 책임을 져야 하는 어떤 것으로가 아니라 실제적으로 이해하였다. 현대적 의미의 가벼운 표현으로 날마다 자기 십자가를 진다고 말하지 않고, 오히려 그것을 날마다 죽는다고 표현했다. 그래서 자주 죽음의 위협을 당해도 결코 놀라지 않았고, 사역할 때 아무리 어려운 역경이나 위험을 만나도 그것에 걸려 넘어지지 않았다.

또한 자기 부인에서 자주 간과되고 있는 또 다른 면이 있다. 우리의 권리나 요구, 마땅히 받아야 할 것들에 대해서 하나님의 말씀은 우리에게 어떻게 하라고 하시는가? 마태복음 18:23~25에서 우리 주님은 비유로 이렇게 가르치셨다. '내가 너희에게 자비를 베푼 것 같이 너도 네 동료에게 자비를 베풀어야 하지 않겠느냐?' 그 종은 이런 상황에서 동료에게 자기 권리를 주장하고 요구할 수 있는 것인가?

이렇게 자기의 권리를 포기하는 자기 부인의 행동 원리가 훨씬 감동적이지 않은가? 우리 주님은 빌라도의 법정에서 자신의 존재나 권리를 주장하지 않았다. 대신에 아버지께서 변호해 주실 때가 오기까지 자기를 부인하고 십자가를 지시면서 오래 기다리셨다. 주께서는 우리도 그분의 성품을 보이고 그분이 지상에서 사셨던 삶의 모습대로 살아서 증인이 되기를 원하신다. 그런데도 우리는 세상 사람들처럼 기를 쓰고 자기 명예, 자기 권리를 차지하려고 하겠는가?

4일

이를 위하여 너희가 부르심을 받았으니

HEREUNTO WERE YE CALLED

선을 행함으로 고난을 받고 참으면
이는 하나님 앞에 아름다우니라.
이를 위하여 너희가 부르심을 받았으니.
(베드로전서 2:20-21)

If, when ye do well, and suffer for it,
ye take it patiently, this is acceptable with God.
For even hereunto were ye called:
(1 Peter 2:20-21)

사람들이 우리의 머리 되신 영광스러우신 분의 인물과 사역에 대해서 그러했던 것처럼, 그리스도인의 부르심도 믿지 않는 사람들에게는 이해되지도 않고 매력적이지도 않다. 세상적 기준으로 보면 그분은 무슨 흠모할 모양이나 풍채도 없었고 아름답지도 않았다. 그리스도를 믿어 구원과 영생을 얻고 있으면서도 우리의 부르심 가운데에 있는 책임과 특권, 그 성격에 대해서는 그 이해가 매우 불완전할 수 있다.

그러면 우리는 무엇 때문에 부르심을 받았는가? 선을 행하고 고난을 받으며 참기 위해서이다. '골치 아픈 부르심이군.' 불신앙은 유감스러운 듯이 그렇게 말하며 뒤돌아 간다. '슬픈 일이기는 하지만 사실 그래.'라고 슬퍼하며 반응하는 진실한 사람도 있다. 강한 믿음을 가진 사람은 '오, 아버지, 당신께서 그것을 좋게 여기시니 감사드립니다.'라고 한다. 성령께서 이 말씀을 기록하셨던 때부터 지금까지 하나님은 변하지 않으셨다. 사람도 변하지 않았고 영혼의 대적자도 변하지 않았다.

하나님은 무슨 일을 행하실 때 결코 독단적으로 이랬다저랬다 하지 않으신다. 그렇기 때문에 완전한 지혜와 완전한 선에서 나오는 모든 행동과 필요 조건은 필연적으로 선하고 지혜로운 것이다. 그렇기 때문에 우리에게 고난을 참아야 하는 부르심이 있을 때, 우리는 그저 참는 것이 아니라 그것을 감사하며 기뻐한다. 왜냐하면 바른 견해로 보면 참지 못할 이유나 변명 보다는 오히려 감사하고 기뻐할 이유가 넘쳐나도록 풍성하기 때문이다. 초대 그리스도인들은 자기 재산을 빼앗기고 악하다고 버림을 받았을 때, 자기들이 고난 받기에 합당하게 여기심을 받았다고 크게 기뻐하였다.

말씀을 사람들이 이해할 수 있도록 전하려면 그렇게 살아야 한다. 하나님은 실제로 이렇게 말씀하고 계시다. '너희는 아직 믿지 않는 이들에게 가서 나를 대표하는 자들로 살아라.' 정말로 기뻐하라. 그리고 사람들이 그 기뻐하는 것을 보게 하라. 개인적으로 부당하게 고난을 당할 때 그것을 하나님의 은혜를 알릴 기회로 삼으라. 박해가 크면 클수록 증거하는 힘도 그만큼 강력할 것이다. 그러한 증거가 헛된 적은 한 번도 없었다.

주는 것이 더 복되다
MORE BLESSED TO GIVE

주 예수께서 친히 말씀하신 바
주는 것이 받는 것보다 복이 있다 하심을
기억하여야 할지니라.

(사도행전 20:35)

Remember the words of the Lord Jesus,
how he said, It is more blessed to give than to receive.

(Acts. 20:35)

오, 주께서 우리 펜에 새로운 기름을 부으셔서 우리 영혼과 독자의 영혼이 이 진리에 깊이 감화되게 하소서!

은혜로우신 우리 주님은 이 진리를 말로 전하는 것으로만 만족하지 않으셨다. 그분께서는 그것을 죽음으로 드러내셨다. 우리가 채워지도록 자신을 비우셨다. 오, 그분은 아무 것도 남기지 않고 우리를 위해서 자신까지 주셨다. 이것을 이해하고 삶으로 살아낼 사람들을 위해서 그렇게 하신 것이었다.

우리는 그리스도 안에 있는 우리의 충만함을 왜 그렇게 거의 경험하지 못하고 있는가? 왜 그러한 기쁨이 그렇게 빈약한가? 간단하다.

우리가 주는 일에 인색하기 때문이다. 교회의 불신앙과 이기심, 인색함 때문에 그 넓은 세상이 그대로 멸망해 가도록 버려두고 있고 그것이 교회를 허약하게 하는 것이다. 그런데 교회는 그것을 거의 깨닫지 못하고 있다. 세상은 성도들의 삶에서 무슨 메시지를 받는가? 그리스도는 세상에 빛을 주셨는데 교회는 멸망해 가는 자들에게 그것을 부인한다. 그리스도께서는 '모든 족속에게'라고 하셨는데 교회는 '아니, 아니다. 당신이 하고 싶으면 본국에서 어느 정도하면 되지, 해외라니… 아니다. 원하면 선교사 몇 사람이면 되지, 많이는 아니다. 멸망해 가는 사람들 때문에 내가 곤궁해 지라고? 싫다!'

주는 것이 받는 것보다 더 복되다고 믿는 사람들이 많이 있어서 기쁘다. 그런데 우리가 주저하지 않고 확언하건대, 교회라고 하면서도 믿지 않는 세상에 주는 메시지는 대체적으로 주는 것이 받는 것보다 더 복된 것이 아니라는 것이다. 그러니 세상이 더욱 회의적이 되어 가고 불신앙이 더욱 만연해 가는 것도 그리 이상한 일이 아니다!

우리가 이 말씀을 믿든지 안 믿든지 '주는 것이 받는 것보다 더 복되다.' 우리가 주는 사람이 되기만 한다면 주께서는 우리에게 파종할 씨도 주시고 먹을 양식도 주실 것이며, 모든 선한 일을 행하기에 넘치도록 모든 것을 언제나 풍성하게 주실 것이다. 오직 주는 사람이 되라. 가지고 있는 빵이 다섯 개든 오백 개든 그것은 중요하지 않다. 하나님께서 늘려주시지 않으면 개수가 더 많다고 해서 모자랄 때보다 더 충분한 것이 아닌 것이다.

그리스도 안에 거하기

6일

ABIDING IN CHRIST

> 내 안에 거하라 나도 너희 안에 거하리라
> 가지가 포도나무에 붙어 있지 아니하면
> 스스로 열매를 맺을 수 없음 같이
> 너희도 내 안에 있지 아니하면 그러하리라.
> (요한복음 15:4)
>
> Abide in Me, and I in you. As the branch cannot bear fruit of itself,
> except it abide in the vine; no more can ye, except ye abide in Me.
> (John 15:4)

그리스도 안에 거하는 것이 얼마나 중요한지에 대해서는 더 이상 말할 필요도 없다. 그분 안에 거하지 않으면 열매를 적게 맺거나 질 낮은 열매를 맺는다는 말이 아니다. 우리는 그분을 떠나서는 **아무 것도** 할 수 없다. 거하면서 열매를 맺거나 아니면 전혀 열매는 맺지 못하고 그저 일만 할 뿐이다. 열매와 일의 구별은 중요하다. 일은 그저 기능일 뿐 일군의 성품을 보여주지 않는다. 나쁜 사람도 좋은 의자를 만들 수 있다. 다시 말하지만 일은 좋고 유용할 수 있지만, 그 성질은 전하지 못한다. 반면 열매는 열매 맺는 자의 성품을 나타내며 그 안에 번식할 수 있는 씨를 가지고 있다.

'내 안에 거하고 내가 네 안에 거한다'는 뜻이 무엇인가? 이 장에서는 '나는 ~ 이다'라는 두 단어가 열쇠이다. 문제는 우리가 어떤 사람이고 어떤 일을 할 수 있는가가 아니다. '내가 참 포도나무이다.' 그리고 '내 아버지는 농부이다.' 하나님은 우리 생각의 방향을 완전히 돌려놓으신다. 실제로 전혀 자신을 생각하지 말고 대신에 '하나님을 믿으라, 또 나를 믿으라!'고 말씀하시는 것이다.

'나는 포도나무이다.' 포도나무 중 한 부분이 아니고 포도나무 전체이다. 뿌리, 줄기, 가지, 잔가지, 잎, 꽃, 열매가 전부 그 안에 있다. 어떤 사람은 이것을 전체적으로 보지 못하고 마치 '나는 뿌리이고 너희는 가지이다'인 것처럼 이해한다. '아, 뿌리에는 영양이 충분히 있는데 어떻게 해야 빈약하고 발육이 나쁜 내 가지에 풍성한 수액을 빨아올릴 수 있을까?' 하고 있다. 가지는 포도나무에서 아무것도 받아내지 않는다. 가지는 포도나무 안에 있는 모든 것을 가지고 있다. 우리도 그리스도 안에서 그러하다. '안에'라는 짧은 단어를 주목할 필요가 있다. 그것은 더 많은 것 안에 적은 것이 들어갈 때 사용되는 '안쪽에'라는 의미가 아니다. 본문에 사용된 '안에'는 '합체된 상태' 즉 신분을 의미하는 것이다. 가지는 우리 몸의 눈이나 귀처럼 포도나무와 유기적으로 하나인 같은 생명체이다. 또 '거하다'는 노동이나 활동보다는 정지(靜止)를 뜻하는 개념이다. 애써 추구하는 것이 아니라 이미 획득한 즐거움 안에서 안식한다는 의미이다.

'네가 내 안에, 내가 네 안에'라는 표현은 서로가 서로 안에 내재하는 것을 가리킨다. 가끔만이 아니라 항상 그 두 가지 진리를 염두에 두어야 할 것이다.

7일 그리스도 안에 거하는 방법
HOW TO ABIDE IN CHRIST

나는 포도나무요 너희는 가지라
그가 내 안에, 내가 그 안에 거하면
사람이 열매를 많이 맺나니
나를 떠나서는 너희가 아무 것도 할 수 없음이라.
(요한복음 15:5)

I am the vine, ye are the branches: He that abideth in me, and I in him,
the same beareth much fruit: for apart from Me ye can do nothing.
(John 15:5)

이것이 이루어질 수 있는 단 한 가지 방법이 있는데, 그것은 믿음이다. 우리는 믿음으로 구원 받고 믿음으로 산다. 그렇다고 해도 우리는 자신의 믿음보다는 그 믿음의 대상에 더 골똘해야 한다. 광학적 제 특성이나 눈의 구조를 파고들지 않아도 우리는 아름다운 경치를 보고 즐거워 할 수 있다. 그것을 즐기려면 바라봐야 한다. 그렇게 우리는 안쪽으로 시선을 돌려 우리 믿음의 성질과 한계를 고찰해서는 안 된다. 대신에 밖을 향하여 눈을 돌려 약속하신 분과 그분의 약속에 사로잡혀 있어야 한다.

모든 충만 안에 거한다는 성경 말씀을 믿음으로 받아들이라. 그리스도께서는 '내가 포도나무이다.'는 말씀이나 '너희는 가지이다.'라고 하실 때 둘 다 현재 시제를 쓰셨다. 그분은 찾으라, 애쓰라고 하지 않으시고 하나님이신 그분과 당신이 현재 그분과 맺고 있는 관계에 의지하라고 말씀하신다.

'저는 그분 안에 거한 열매가 없습니다.'라고 하는 분이 있을지 모르겠다. 하나님의 약속이 이루어지기를 믿음으로 주장하지 않았다면 틀림없이 열매가 없을 것이다. 하나님은 가나안 땅을 약속하셨지만 이스라엘이 그 약속을 취해야만 했다. 이스라엘이 대담무쌍하게 자기 소유라고 주장하며 발로 밟고 적들을 내쫓았던 땅은 모두 그들의 것이 되었다. 우리도 그럴 것이다.

그렇다고 해도 이 말씀에서 가르치고 있는 이상으로까지 그 의미를 확대해서는 안 된다. 그리스도 안에 거하는 것은 죄 없음을 의미한다고 하는 가르침은 성경에서 찾아볼 수 없다. 그렇지만 거하는 것이 죄 없음과 동일하지는 않아도, 알려진 죄에 계속 빠져 있는 것과는 양립할 수 없는 것이다.

결론적으로 우리가 그리스도와 연합되어 있다는 진리는 매우 소중한 것이다. 그것은 사실이지 감정이 아니다. 한 남자에게 있어서 잠 잘 때나 깨어 있을 때, 해외에 있을 때나 집에 있을 때를 막론하고 언제나 그 아내와는 하나이다. 그 사실을 자각하고 즐거움이 솟아나는 것이지 그것을 만들어 내거나 그렇게 되기 위해서 공헌하는 것이 아닌 것이다. 그 둘은 서로가 서로에게서 독립되어 있다. 연합을 자각할 때 거할 힘이 솟아난다. 구하거나 기다리지 말고 구세주의 말씀을 믿음으로 받아들이자. '너희는 **(정말로 나의)** 가지이다.'

8일 중단 없는 기쁨
(개인 편지)

UNINTERMITTING JOY

내가 이것을 너희에게 이름은
내 기쁨이 너희 안에 있어
너희 기쁨을 충만하게 하려 함이라.
(요한복음 15:11)

These things have I spoken unto you,
that my joy might remain in you, and that your joy might be full.
(John 15:11)

　최근 저장성에 있는 우리 선교센터에 갔는데 경치가 참 아름다웠어. 스위스에 초대해 주었을 때 보았던 경치가 생생하게 생각났지. 물론 여기 산은 그렇게 높지도 않고 빙하 같은 것도 없어. 그래도 아주 좋고, 조금 부족한 부분은 열대적인 아름다움과 무성함으로 보충이 되더구나. 유럽 경치가 실증나면 와서 중국 경치를 보아! 그런데 슬픈 일이지. 이 아름다운 땅에서는 그 모든 것을 만드신 하나님께 아무도 주의를 기울이지 않으니 말이야.
　우리 중국 사역자들이 쉼터와 절 앞에 몇 개 붙인 전도지를 제외하고 며칠 동안이나 주님을 증거하는 장면을 보지 못했고 증거하는 소리도 듣지 못했어. 모든 것이 땅에 속한 것이고 정말로 세속적인 것들 뿐이야. 언제나 되어야 수백 곳에 이르는 중국의 마을과 도시에 전도자가 지나가면서라도 그분의 소식을 전하게 될까?

선교센터에 들를 때마다 새로 믿은 성도들을 소개해 주는데 장래에 추수가 있겠다고 생각되는 곳이 많이 있어. 지금 현지에서는 선교사나 중국인 사역자들에게 성령의 능력이 얼마나 더 필요한지 …. 성령으로 충만해서 그리스도만을 위해서 사는 중국 그리스도인들이 더욱 많이 필요하고, 외국 선교사들도 더욱 많이 와서 길을 인도해야 되겠어.

들으려고 하는 사람은 수없이 많은데 그리스도를 실제로 살아계셔서 빛으로 충만하신 분으로 증거할 수 있는 사람, 주님의 기쁨이 중단 없이 가슴에 차올라 끊임없이 흘러넘치는 사람은 너무도 적어. 그렇지만 틀림없이 이것이 우리의 몫이고 의무야. 포도나무와 가지, 몸과 그 지체와 같은 자연 속에는 생명의 소통이 중단되는 일 같은 것은 존재하지 않지. 은혜 안에 그러한 것이 있어야 하지 않겠니?

그리스도께서 당신의 평화와 기쁨, 당신 자신까지 주셔서 우리에게 끊임없는 생명과 평화, 기쁨과 능력이 되어 주시니 말이야. '그들은 주의 이름으로 인하여 온종일 기뻐합니다.' '오, 주님! 그들은 당신의 얼굴 빛 안에서 걸을 것입니다.'

9일 온전한 신뢰
A FULL TRUST

아무 것도 염려하지 말고
다만 모든 일에 기도와 간구로,
너희 구할 것을 감사함으로 하나님께 아뢰라.
그리하면 모든 지각에 뛰어난 하나님의 평강이
그리스도 예수 안에서 너희 마음과 생각을 지키시리라.
(빌립보서 4:6~7)

Be careful for nothing;
but in every thing by prayer and supplication with thanksgiving
let your requests be made known unto God.
And the peace of God, which passeth all understanding,
shall keep your hearts and minds through Christ Jesus.
(Philippians 4:6~7)

모든 하나님의 자녀들에게 얼마나 친숙하고 소중한 말씀인지! 그래서 우리는 이 말씀을 즐겨 묵상한다. 필시 그 명령을 따르려고 자주 시도를 해보았을 것이고 열심을 내어 진심으로 그렇게 되기 위해서 기도도 했을 것이다. 그럼에도 불구하고 우리에게는 염려가 밀려오고 하나님의 평강이 우리 생각을 언제나 지켜주지는 않는다. 아마 평강이 있기는 할 것이지만 가끔씩 중단이 되는 불완전한 것임을 스스로도 의식하고 있을 것이다.

하나님의 명령에 따르기 위해 어떻게 살아야 하겠는가? 말하지 않아도 강력한 증거가 되는 삶은 어떤 것이겠는가? 그것은 다른 말씀과 마찬가지로 그저 좋아하고 찬양하라고 주신 것이 아니라 충분히, 온전히 그리고 끊임없이 순종하라고 주신 말씀이다. 우리는 순종하려고 기도했지만 실패했다. 이 말씀이 참으로 우리가 따라야 할 이상이고 아름다운 것이라고 하면서도, 말과는 다르게 우리 행동으로는 일상생활에서 실천하기가 불가능하다고 하고 있다.

그러면 질문을 하게 된다. 우리는 왜 실패했는가? 하나님께 도와달라고 기도는 하면서 우리 편에서 해야 할 일을 하지 않아서는 아닌가? 틀림없이 '우리 편'에서 하는 일에 실패한 것이다. 우리는 '하나님께서 명령하실 때는 할 수 있는 힘도 주신다'는 말씀을 들은 적이 있다. 그런데 명령에 순종할 수 있는 힘은 오직 그 명령을 내리시는 하나님으로부터 온다는 사실을 경험적으로 알지 못했던 것이다.

마지막까지 남아 있는 염려의 찌꺼기를 맡기고 났을 때의 안도감과 안식은 경험한 사람밖에는 아무도 모른다. 이것은 노력해서 높은 경지에 도달하는 것이 아니다. 우리는 처음 예수님께 왔을 때 완전히 무기력한 상태로 그분 앞에 무릎 꿇고 용서와 평안을 구하지 않았는가? 그것은 완전히 거저 받은 은혜가 아니었던가? 그때처럼 그렇게 오지 않겠는가? 그때의 그 은혜가 당신을 죄의 결과에서 구원해 주셨던 것처럼 이제 그 죄의 세력에서도 구해 주실 수 있도록.

10일 오직 하나님뿐
GOD ONLY

> 나의 영혼아 잠잠히 하나님만 바라라
> 무릇 나의 소망이 그로부터 나오는도다.
> 오직 그만이 나의 반석이시요 나의 구원이시요
> 나의 요새이시니 내가 흔들리지 아니하리로다.
> (시편 62:5~6)

> My soul, wait thou only upon God; for my expectation is from him.
> He only is my rock and my salvation: he is my defence; I shall not be moved.
> (Psalm 62:5~6)

우리는 하나님의 자녀로서 질환이나 사별, 예기치 않은 시험을 만날 때, 갑자기 자기 영혼이 오직 하나님만을 바라보지 않고 수단이나 환경을 의지하고 있음을 깨닫고 소스라치게 놀랄 때가 있다. 스스로의 힘이나 어떤 선택된 지도자에게 기대를 걸고 있던 것이다. 그런데 그것이 '전적으로 그분께로부터' 온 것이 아니기 때문에 거의 소망을 잃고 요동하였다. 시험을 만나면 우리는 충동적으로 사람에게로 향한다. 그렇지만 대개 사람의 도움은 소용이 없고 그가 보이는 동정심도 별로 의지가 되지 못한다. 그때 우리는 오직 하나님께로 밖에 갈 곳이 없고 그분께만 기대게 된다. 도움을 받기 위해서 다른 수단을 전부 써보다가 마지막으로 하나님께로 가서는 안 된다. 오히려 크건 작건 어려움을 만나면 맨 처음으로 하나님을 찾아야 한다.

얼마나 슬픈 일인가! 참된 비밀을 알았더라면 하나님의 능력이 머무는 것을 보았을 텐데… 하나님께서는 자신의 영광을 다른 이에게 주지 않기 때문에 사람들이 그것을 볼 수 없었다. 인간의 능력! 그것이 무엇이란 말인가? 우리의 싸움은 혈과 육에 대한 것이 아니다. 그렇다면 육신의 힘은 어떻게 극복할 수 있는가? 오, 기독교 사역자들이 알아야 할 것은 하나님의 좋은 선물을 하나님 자신보다 조금이라도 더 의지하면 안 된다는 것이다! 위대한 사도는 '내가 약할 때 곧 강하다'고 했다. 그가 자랑으로 여기던 것이 우리에게는 얼마나 인기가 없는가? '내가 도리어 크게 기뻐함으로 나의 여러 약한 것들에 대하여 자랑하리니 이는 그리스도의 능력이 내게 머물게 하려 함이라. 그러므로 내가 그리스도를 위하여 약한 것들과 능욕과 궁핍과 박해와 곤고를 기뻐하노니 이는 내가 약한 그 때에 강함이라.' 그리스도의 능력이 우리에게 머물게 하기 위해서라면 아무리 큰 대가라도 기꺼이 치를 수 있는 것이 아닌가? 반석, 구원, 요새가 되시는 분이 오직 한 분이신 우리 하나님이시기 때문에, 무엇이라도 다른 것으로 대치하는 비율만큼 약함과 실패와 죄를 겪을 것이다. 하나님과 함께하는 힘이 사람과 함께할 때 나타나는 힘의 참된 척도가 될 것이다.

11일 그리스도를 얻기 위해

WINNING CHRIST

> 모든 것을 해로 여김은
> 내 주 그리스도 예수를 아는 지식이 가장 고상하기 때문이라.
> 내가 그를 위하여 모든 것을 잃어버리고 배설물로 여김은,
> 그리스도를 얻고,
> (빌립보서 3:8)
>
> I count all things but loss for the excellency of the knowledge
> of Christ Jesus my Lord:
> for whom I have suffered the loss of all things,
> and do count them but dung, that I may win Christ,
> (Philippians 3:8)

우리는 그리스도를 얻는다는 주제에 대해서 충분히 주의를 기울이고 있는가? 그분을 이루 말할 수 없는 하나님의 선물로서 알게 된 것은 우리의 기쁨이고 특권이다. 사도 바울은 이 사실에 대해서 그 누구보다도 잘 알았다. 그런데 그가 이 지식에 만족하였는가? 아니면 그리스도를 얻고 그분의 부활의 능력을 알아서 그의 고난에 참예하는 일을 위하여서라면 그 어떤 대가라도 치르겠다고 간절히 소원하고 있었는가? 오, 그리스도께서 우리 각자에게 '살아계신 분, 멋진 존재'로 이

해가 되어 우리의 한 가지 소원이, 사도 바울이 간절히 사모했던 것처럼 그분을 얻고 알게 되는 것이 되기를… 그것이 우리의 마음을 사로잡는 열정이 되기를 소원한다.

그리스도를 얻는다는 말은 무슨 뜻인가? 얻는다는 동사는 '획득하다', '이익을 보다' 등 거래나 교환을 할 때 쓰는 말이다. 신자라면 대부분 그리스도께서 자기의 전부라고는 하지 못해도 자기 마음에 큰 부분을 차지하고 계신다고 진심으로 말할 것이다. 그러나 그리스도를 얻기 위해서 자기에게 유익한 것을 버리는 데까지는 아직 이르지 못한 경우가 많을 것이다.

우리는 어떻게 그리스도를 얻을 수 있는가? 사역을 하면서 우리에게 자연스럽게 가장 소중하게 생각되는 것을 우리 편에서 기쁘게 포기함으로써 얻을 수 있다. 또한 아버지의 사랑이 명하시는 손실과 십자가를 묵묵히, 진심으로 따르는 가운데 얻을 수 있다.

우리가 알기로 하나님께서는 사람들에게서 기쁨이 되는 부분을 제거하실 때가 많은데, 그 일을 통하여 자신을 그 어느 때보다 더 풍성하게 계시하신다. 인간적으로는 슬플 수밖에 없는 바로 그때, 신자가 주께서 다루시는 부분을 전심으로 기쁘게 받아들이면 그것이 하나님께 큰 영광을 돌리는 믿음의 승리가 된다. 육체와 마음이 쇠잔해지고 우리의 빛나는 소망과 욕구가 말살될 때, 그 일어나는 일이 우리의 뜻이 아니라 그분의 뜻임이 우리에게 분명하여 그 뜻을 기뻐할 수 있을 때, 바로 그때 우리는 그리스도를 얻는다. 아, 그것은 얼마나 복된 일인지!

격려의 말씀
A WORD OF CHEER

12일

내가 네 앞서 가서 험한 곳을 평탄케 하리라.
(이사야 45:2)

I will go before thee, and make the crooked places straight.
(Isaiah 45:2)

이 메시지는 우리 주께서 친히 하신 격려의 말씀이다. '내가 네 앞서 가서 험한 곳을 평탄케 하리라.' 이 말씀은 이제껏 내 영혼에 잔치였고, 내 머리를 기대는 베개가 되어 주었다. 지난 몇 달간 도저히 넘을 수 없을 것 같은 어려움이 번갈아 찾아왔을 때 그러했던 것처럼, 지금도 똑같이 신선하고 훌륭하게 적용되는 말씀이다.

사탄은 우리에게 오늘의 은혜로 내일의 짐까지 지게 하려고 시도한다. 멀리서 어렴풋이 보이는 난관을 가지고 미리 절망하게 하고 '내일 일을 염려하지 말라', '아무 것도 염려하지 말라'는 지시를 불순종하게 만든다. 그러나 '내가 네 앞서 가리라', '너에게 인도자가 되어 줄 것이다', '나를 따르는 자는 어두움에 다니지 않으리라'는 말씀을 확신하며 그 위에서 안식할 수 있으니 얼마나 큰 특권인가! '험한 곳을 평탄케 하고' 울퉁불퉁하던 장소를 평평하게 해 주신다. 그래서 결국 실제로 그 문제에 닥쳤을 때는 난공불락의 어려움이 이미 해결되어 있음을 발견하게 된다. 여호사밧의 대적들처럼 서로 죽여, 당신은 그 전리품을 취하고 그 골짜기는 전쟁이 아닌 찬양의 장소가 되는 것이다.

 중국에서 이런 일이 자주 있었다. 틀림없이 본국에서도 같은 간증이 많을 것이다. 스스로 해결할 수 없었던 가정의 문제, 직업이나 사업상의 복잡한 문제, 영적 난관, 또는 주님을 섬기는 일과 관련된 문제들로 인해서 마음의 평화가 깨지고 잔뜩 낙심이 될 때, 모두 주님께 맡기고 그분께서 정리하고 다스리시도록 하며, '모든 일에 기도와 간구로 너희 구할 것을 하나님께 아뢰라'는 명령에 순종한다. 그러면 약속하신 하나님의 평화가 외부의 모든 염려와 걱정으로부터 마음을 지킨다. 그리하여 결국 환난의 쏘는 힘이 없어지고 험한 길이 평탄케 되는 것이다. 되돌아보면 닥쳐서 처리해 내지 못할 염려는 거의 없었다.

13일

하나님의 배지
GOD'S BADGE

이스라엘 자손에게 명령하여
대대로 그들의 옷단 귀에 술을 만들고
청색 끈을 그 귀의 술에 더하라.
이 술은 너희가 보고
여호와의 모든 계명을 기억하여 준행하게 하기 위함이라.
(민수기 15:38~39)

Bid them that they make them fringes in the borders of their garments and that
they put upon the fringe of the borders a ribband of blue:
that ye may look upon it,
and remember all the commandments of the LORD.
(Numbers 15:38~39)

이 '청색 끈'에 관한 규례로 중요한 장을 마감한다. 번제에 관한 명령을 시작으로, 첫 열매에 관하여, 그 다음으로 부주의하거나 모르고 범한 잘못에 관하여 어떻게 해야 할 것을 지시하시는 말씀이 나온다. 그리고 주제넘은 죄를 심판하는 경우와 관련하여 청색 끈을 매라고 소개한다.

하나님은 당신의 백성이 모두 배지를 달기 원하셨다. 백성들은 옷 가장자리에 술을 만들고 청색 끈을 그 술에 더해야 했다. 그것을 보고 여호와의 모든 계명을 기억하고 준행하여 거룩한 백성이 되도록 하기 위함이었다. 청색은 하늘의 색이다. 그 사이에 구름이 끼었을 때 청색이 사라진다. 하나님과 그 백성 사이에 결코 구름이 없어야 한다. 그것이 하나님의 뜻이다.

옛날 이스라엘 백성이 어디를 가든지 청색 끈을 달고 다녔던 것처럼 오늘날 하나님의 백성들도 어디를 가든지 하늘의 정신과 기질을 나타내 보여야 한다. 그래서 모세처럼 그들이 사랑하고 섬기는 하나님의 영광과 아름다우심을 그 얼굴로 증거해야 한다.

논밭으로 가는 농부, 사업장의 상인, 집 안 깊숙이서 일하는 하녀가 날마다 일을 하는 그 자리에서 매었던 청색 끈을 보면서, 사람들은 얼마나 흥미를 느끼며 관심을 보였겠는가? 오늘날 그리스도의 증인이 되라고 부르심을 받은 성도들에게도 성령의 특징이 나타나 보이는 것이 그 만큼 중요하지 않겠는가?

우리가 모두 '사랑하는 자녀로서 하나님을 닮은 자'가 되어 '그리스도께서 우리를 사랑하사 우리를 위하여 자신을 주신 것과 같이' 사랑으로 행해야 하지 않겠는가? 그래서 특별한 경우만이 아니라 삶의 가장 작은 부분에서까지 하나님을 닮은 성품을 지니고 있어야 하지 않겠는가?

14일 그의 온전하심 같이
ACCORDING TO HIS PERFECTION

그러므로 하늘에 계신 너희 아버지의 온전하심과 같이
너희도 온전하라.
(마태복음 5:48)

Be ye therefore perfect,
even as your Father which is in heaven is perfect.
(Matthew 5:48)

우리는 세상의 빛과 소금이 되어야 한다. 어떻게? 아주 작은 계명이라도 어기지 않고, 화를 내지 않고, 불순한 생각을 용납하지 않고, 성급하게 약속을 하지 않고, 예나 아니오 이상의 말을 하지 않아야 한다. 보복하려는 마음을 품지 말아야 하고 하나님의 자녀로서 유순하게 순종해야 한다. 그리고 우리를 미워하거나 멸시하며 이용하는 사람들을 위하여 기도하며 불쌍히 여겨야 한다.

그리스도인은 심각한 시험이나 박해는 물론 일상에서 만나는 작은 일에까지 하늘에 계신 아버지의 모습을 드러내야 한다. 하나님의 온전하심은 절대적으로 완전한 것이지만 우리는 아무리 잘해도 상대적일 수밖에 없다. 바늘은 바느질을 할 때라야 완전한 바늘이 되는 것이다. 현미경 아래에 놓고 확대해서 보면 그저 구멍 뚫린 꼬챙이일 뿐이다. 마찬가지로 우리에게 완전한 천사가 되라는 것도 아니고 무슨 신이 되라는 것도 아니다. 다만 우리에게 부과된 특권으로서의 의무를 이행하여 완전한 그리스도인이 되라는 것이다. 우리를 그렇게 부르신 것이다.

완전하신 우리 아버지께서는 자연 속의 미물도 아주 완전하게 만드셨다. 조그만 파리, 보이지도 않을 것 같은 작은 미생물, 얇은 나비 날개 등 모두 절대적으로 완전하다. 하나님의 창조물이 그 크기에 관계없이 완전한 것과 마찬가지로 그리스도인도 매일 일상 속에서 하는 소소한 일에도 완전해야 하지 않겠는가? 편지 한 통을 쓸 때라도 거듭난 사람으로서 더 명료하고 읽기 쉽게 써야 하지 않겠는가? 봉사할 때도 사람들에게 보이는 일에만이 아니라 그 이상으로 완벽하게 해야 할 것이다. 우리 아버지께서 아무도 보지 않는 사막에 꽃이 만발하게 하시는 것처럼, 우리도 아무도 보지 않아도 그분의 시선을 의식하며 모든 일을 해야 할 것이다.

15일 하나님의 능력

DIVINE STRENGTH

내 은혜가 네게 족하다.
(고린도후서 12:9)

My grace is sufficient for thee.
(2 Corinthians 12:9)

되돌아보면 우리가 주님을 가치 있게 섬길 수 있는 충분한 힘이 없을 것 같아서 그리스도를 공중 앞에서 증거하기를 두려워하던 때가 있었다. 우리 힘으로 자신을 구원하지 않았고 스스로를 지킬 수 없었을 때 주님이 우리를 지켜주셨다는 사실을 잊었던 것이다. 주의 백성 중에 외국으로 선교하러 나가려고 하지 않는 것이 자기에게 그럴 만한 은혜가 없기 때문이라고 생각하는 사람이 많지 않은가? 그런 사람들에게 그리스도께서 당신의 종인 바울에게 하셨던 말씀을 전하고 싶다. '내 은혜가 네게 족하다.'

바울 사도보다 더 시련이 많고 어려운 길을 갔던 하나님의 종은 드물었다. 그의 한 가지 소원은 '어찌하든지 죽은 자 가운데서 부활을 얻기 위하여' '그리스도와 그 부활의 능력을 아는 것'이었다. 그것은 모든 사람에게 있을 부활이나 처음 부활에 참여한다는 의미로 한 말이 아니었다. 추측컨대 그는 부활의 생명과 능력을 현재 받아서 세상에서 사는 동안에도 실제적으로 죽었다가 다시 산 사람처럼 살아야겠다고 생각했을 것이다. 즉, 죽음의 영향력을 초월해서 산다는 것인데 그러한 삶에는 고난을 통해서 완전해지는 부분도 포함된다고 보았다.

그에게 주 예수님은 단순히 추상적인 개념에 불과한 것이 아니었다. 바울은 특별히 어려운 일을 만날 때마다 주 예수님의 특별한 계시를 보았다. 그리고 직접 음성을 듣는, 말로 표현할 수 없는 경험을 통해서 더욱 열심히 일하게 되었고 감옥에도 갇혔으며 죽을 고비도 넘겼다. 그 모든 경험 가운데 하나님이 능력으로 그를 지켜주셨다. 은혜로우신 주님이 사탄의 사자가 그를 치는 것을 내버려두신 것은 징벌하여 쓰러뜨리려는 것이 아니라 그 위험에서 구해주시기 위함이었다. 바울이 세 번씩이나 그 고통에서 벗어나게 해달라고 간청했지만 주님께서는 친히 그의 기도에 이렇게 응답해 주셨다. '내 은혜가 네게 족하다. 내 능력이 약한 데서 온전해지기 때문이다' 그래서 그는 깨달았다―자기가 처한 바로 그 자리에서 다른 사람에게 복 주는 사람이 될 수 있다는 사실을. 하나님은 그가 드린 기도를 거절하신 것이 아니고 응답하지 않으신 것도 아니었다. 다만 그가 요청했던 방식으로 주시지 않았을 뿐이었다.

16일 하나님의 더 나은 응답
GOD'S BETTER ANSWER

내 은혜가 네게 족하다.

(고린도후서 12:9)

My grace is sufficient for thee.

(2 Corinthians 12:9)

흔히 '하나님은 언제나 기도에 응답하시는가?'라는 질문을 한다. 주님이나 사도 바울의 경우를 보면 그 질문에 대해서 많은 부분 깨우칠 수 있다. 물론 하나님께서는 잘못 구하는 기도, 명백히 계시된 하나님의 뜻과 반대되는 기도, 믿음 없는 기도는 응답하지 않으신다. 그런데 바른 마음으로 합당하게 구했는데도 기대하던 식으로 응답이 오지 않는 기도도 많이 있다. 절실하게 필요해서 하나님께 기도드리면 그분은 그 응답으로 그것을 주실 수도 있고 그것이 필요하지 않도록 해 주실 수도 있다. 저울을 사용할 때 더 무거우면 덜어내고 가벼우면 더 얹는 것과 같은 이치이다. 바울은 자기가 감당할 힘이 없는 짐 때문에 낙심이 되어 그것을 없애달라고 기도했다. 하나님은 그것을 없애 주시지 않고 기쁘게 감당할 수 있는 은혜와 힘이 있다고 가르쳐주는 것으로 응답하셨다. 슬픔과 회한의 원인이 되었던 문제가 이제는 기쁨과 승리의 기회가 되었다.

확실히 이것이 더 나은 응답이 아니었는가? 만일 바울이 기도했던 대로 단지 그 가시를 제거해 주기만 하셨다면 다음에 다른 문제가 다가올 때 또 같은 식으로 괴로워하지 않았겠는가? 그렇지만 하나님의 방법은 비슷한 문제로 인해서 받을 수 있는 현재와 미래의 모든 압박에서 단번에 그리고 영원히 구해 주시는 것이었다. 그래서 바울은 승리의 탄성을 내뱉는다. '그러므로 도리어 크게 기뻐함으로 나의 여러 약한 것들에 대하여 자랑하리니 이는 그리스도의 능력으로 내게 머물게 하려함이라.' 아! 사도에게 있던 육체의 가시를 공유하고자 하는 사람은 없는가? 그렇게 하여 모든 약한 것들과 능욕과 궁핍과 핍박과 곤란에서 구해주시는 그분을 실제로 경험하지 않겠는가? 그러면 후에 자신이 약했던 바로 그때가 참된 능력의 시간임을 알게 될 것이다. 그러면 아무도 우리 주님의 명령에 기쁘게 순종하기 위하여 한걸음 내딛는 것을 두려워하지 않을 것이다.

17일 왕에게 나온 결과

THE RESULT OF COMING TO THE KING

> 솔로몬 왕이 왕의 규례대로 스바의 여왕에게
> 물건을 준 것 외에 또 그의 소원대로 구하는 것을 주니
> (열왕기상 10:13)
>
> And king Solomon gave unto the queen of Sheba all her desire,
> whatsoever she asked,
> beside that which Solomon gave her of his royal bounty.
> (1Kings 10:13)

이 이야기에서 솔로몬 왕의 원형이 되시는 분께 어떻게 다가갈지 그 태도를 배우고, 그리스도는 솔로몬보다 더 위대하신 분이시니 그분으로부터 스바 여왕에게 받은 것보다 더 큰 축복을 받게 된다면 묵상한 보람이 있겠다.

여러 면에서 우리는 스바 여왕을 닮았다. 왕족이기는 해도 틀림없이 태양 빛에 그을린 흑인이었을 것이다. 여왕으로서의 자리도 쉬운 일은 아니었을 것이다. 자신의 삶이나 다른 사람에 대한 의무를 수행하는 가운데 난해한 질문들이 많았을 것이다. 자기에게 필요한 도움을 줄 수 있을 것 같은 사람의 소문을 들었다. 그래서 찾아갔다. 그런

데 빈손으로 가지 않았다. 받으려고만 하지 않고 줄 것도 가지고 간 것이었다.

목적지에 도착했고 자기 영혼이 갈구하던 대답도 들었다. 낙타의 등에서 짐을 내려놓았을 뿐 아니라 자기 마음의 짐도 가벼워졌다. 자기에게 어려웠던 질문이 그에게는 쉬운 문제였다. '솔로몬이 그 묻는 말을 다 대답하였으니 왕이 은미하여 대답지 못한 것이 없었더라.' 솔로몬이 매우 친절했기 때문에 스바 여왕은 '자기 마음에 있는 것을 다 말하였다.' 우리는 영광의 왕의 위엄과 그분을 섬기는 일의 영원한 영예를 인식하고 있는가? 그것을 깨닫는 사람들은 스바 여왕이 감탄하며 했던 표현에 공감한다. '복되도다, 당신의 이 신복들이여, 항상 당신의 지혜를 들음이로다.'

그리스도는 우리에게 현재 실제로 살아계신 분이신가? 그렇다면 임무의 자리가 지루하지 않을 것이고, 그분을 만나고 돌아가는 길은, 조용한 집으로 가든지 먼 선교지로 가든지, 아니면 세상 친구와 보물을 빼앗기는 일을 만나도 우리 마음은 더없이 기쁘고 만족할 것이다. 그런데 솔로몬 왕은 스바 여왕을 보내야 했다. 함께 갈 수 없었다. 그러나 우리의 솔로몬은 우리와 함께 가신다. 아니, 우리 안에 거하신다. 그분은 우리에게 약속해 주셨다. '내가 결코 너희를 떠나지 않으리라.'

18일 온전한 상
A FULL REWARD

여호와께서 네가 행한 일에 보답하시기를 원하며
이스라엘의 하나님 여호와께서 그의 날개 아래에
보호를 받으러 온 네게 온전한 상 주시기를 원하노라.

(룻기 2:12)

The LORD recompense thy work,
and a full reward be given thee of the LORD God of Israel,
under whose wings thou art come to trust.

(Ruth 2:12)

    여기에 성령께서 삶의 원형을 통하여 가르쳐주시는 또 하나의 재미있는 이야기가 있다. 스바 여왕이 솔로몬에게 온 사건을 통하여 난제의 해결 방법과 마음이 완전히 만족해지는 방법을 배웠다. 여기에서 우리는 온전한 상을 얻기 위해서 어떻게 섬겨야 하는지 그 상급의 특징에 대해서 더욱 높은 수준의 깨달음을 더욱 많이 얻을 수 있다.

    룻은 그 태생이 '이방인'이었는데 결혼을 하여 이스라엘 백성 가운데 살게 되었다. 남편이 죽었는데도 시어머니와 그의 하나님을 붙좇았다. 하나님의 가엾은 종을 따라오는 것이 그렇게 소중한 일이었다면 '갈지어다… 보라, 내가 항상 너와 함께 하겠다'고 권유하시는 그분께 우리는 무엇이라고 말을 하겠는가?

우리는 그 다음에 룻이 태양 아래에서 이삭을 줍는 모습을 본다. 그곳에서 룻은 처음으로 그 추수 밭의 주인을 만난다. 추수꾼도 아니고 이삭 줍는 자였던 가엾은 룻! 그렇지만 매우 환영을 받았고 추수가 끝날 때까지 그곳에 있어도 좋다는 격려의 말을 들었다. 이삭 줍던 룻은 감사하며 단순함과 겸손함으로 이렇게 대답한다. '당신이 어찌하여 내게 은혜를 베푸시며 나를 돌아보시나이까?'

우리의 시선을 보아스에게서 참된 추수의 주인이신 주님께로 돌려보자. 한 여름의 뙤약볕 아래 수고하는 곳에서 주께서 우리를 만나주시는가? 우리가 한 일을 모두 완전히 아셨을 때 그것이 그분의 기쁨이 되는가? 우리 모두 세상에서의 고국을 떠나자. 아니 최소한 세상에서 이방인과 나그네로 살자. 주님의 명령에 기쁘게 순종하여 우리를 가장 필요로 하는 곳으로 가자. 추수 밭에서 추수하는 일꾼들 사이에서 우리는 그분을 발견할 것이다. 중국에서 수고하는 일꾼들은 참 행복한 사람들이다. 어두울 때도 있지만 그 그늘은 그분 날개의 그림자다. 추수가 지속되는 동안 낮은 곳에서 외롭게 이삭을 줍던 사람을 위로하고 축복하던 그 사람은, 추수가 끝났을 때 그녀의 남편이 되었다. 주님은 룻이 한 일에 대해서 그렇게 보상해 주셨다.

복된 형통 1

BLESSED PROSPERITY 1

복 있는 사람은 악인의 꾀를 따르지 아니하며

(시편 1:1)

Blessed is the man that walketh not in the counsel of the ungodly.

(Psalm 1:1)

복되지 않은 형통함이 있다. 그것은 하늘에서가 아니라 땅에서 온 것이다. 악한 자의 형통함은 자주 하나님의 종들을 당혹스럽게 한다. 시편 기자 외에도 사람들에게는 '과연 하나님이 알고 계실까?'라는 질문을 하고 싶은 유혹이 있었다. 사탄이 이 세상의 신으로 남아 있는 한 성소에 들어가지 않아서 악인의 최후가 어떨지를 모르는 사람에게는 이러한 난감함이 계속 있을 것이다.

그러나 감사하게도 하나님으로부터 오는 참된 형통함과 그것으로 인해서 하나님께 가까이 가게 되는 것이 있다. 그것은 마음과 삶을 온전히 성실하게 하고 타협하지 않는 거룩함을 유지할 때 오는 것이다. 그러한 요소가 없으면 얻지 못하는 것이다. 하나님께서는 세상의 일이나 영적인 일을 막론하고 믿는 자가 맡아서 하고 있는 모든 일에 이렇게 참된 형통함을 주기 원하신다. 하나님의 자녀가 하는 '모든 행사가 다 형통'한 것이 하나님의 뜻이다. 우리 각자 자문해 보지 않겠는가? 나는 어떠한가? 이 복된 형통함을 경험하고 있는가? 그렇지 않다면 그 이유는 무엇인가?

그 첫 번째 특징은 복 있는 사람은 악인의 꾀를 좇지 않는다는 것이다. 악한 모의를 하지 않는다고 하지 않았다. 하나님의 사람이라면 그렇게 하지 않을 것이다. '악인의 꾀를 좇지 않는다'고 했다. 악한 사람들은 세상적인 지혜가 탁월한 경우가 많은데 하나님의 자녀는 그들의 꾀에 대해서 경계를 하고 있어야 한다는 것이다. 그러한 꾀를 전부 합친 것보다 하나님의 말씀이 그를 더 현명하게 만들 것이다. 그리고 현명한 하나님의 자녀라면 함께 믿는 성도들의 기준을 주의해서 알아낼 것이다. 왜냐하면 베드로의 경우에서처럼 사탄이 하나님의 사람들을 조종할 때가 많기 때문이다. 베드로가 주님께 간했을 때 그 간청의 출처가 어딘지 몰랐기 때문에 놀랐다. 주께서 '사탄아, 내 뒤로 물러가라'고 하신 말씀을 볼 때, 주께서는 이 발언의 근원이 어디인지를 아셨던 것이다. 만일 자신, 가족, 나라, 교회, 선교 단체에 대한 관심이 주님보다 더 먼저라면, 그러한 권고의 근원이 어디인지 확실히 알 수 있을 것이다.

20일

복된 형통 2
BLESSED PROSPERITY 2

복 있는 사람은 악인들의 꾀를 따르지 아니하며
죄인들의 길에 서지 아니하며
오만한 자들의 자리에 앉지 아니하고.
(시편 1:1)

Blessed is the man that walketh not in the counsel of the ungodly,
nor standeth in the way of sinners,
nor sitteth in the seat of the scornful.
(Psalm 1:1)

신자의 길이 죄인에게 맞지 않는 것처럼 죄인의 길도 참된 신자에게 어울리지 않는다. 주님의 증인으로서 잃은 자를 구원하려는 희망을 가지고 그들에게 다가가기는 하지만 롯과 같이 장막을 소돔에 치지는 않는다. 얼마나 많은 부모들이 타오르는 불 근처에서 파닥거리는 나방처럼 자녀들이 그 불에 타버리는 것을 목도했는지…. 부모 자신도 안전한 곳으로 피하지 못했다. 얼마나 많은 교회와 선교 기관들이 세상적인 유인과 오락거리를 매체로 하여 전도를 한다고 하다가 하나님의 축복을 놓쳤는가? 영적인 힘을 잃고 그 대상에게 아무런 유익을 주지 못하였다. 죽은 자를 소생시키기는커녕 그들 자신이 무감각과 죽음의 상태에 빠져버렸다. '내가 들리우면 모든 사람을 내게로 이끌 것이다'고 하시며 그리스도께서 친히 자신을 주셨던 그것만이 유일한 기회이고 필요이지 다른 것으로 관심을 끌려고 할 필요가 없다. 우리 주님께서는 언제나 '죄인에게서 떠나 계신다.' 성령께서도 명백하게 말씀하셨다. "어찌 의가 불의와 합하겠으며 빛이 어두움과 사귀겠느냐?"

'오만한 자들의 자리에 앉지 않는다.' 오만한 자의 자리는 현 세대에 특히 위험한 것이다. 교만, 주제넘음, 그리고 냉소는 매우 밀접하게 연관되어 있고, 정말로 예수 그리스도가 가지신 마음의 상태에서 멀리 떨어져 있는 것이다. 이러한 정신은 오늘날 불손한 비판의 형태로 나타날 때가 많다. 가장 자격이 없는 사람들이, 질문을 하고 배우는 자리가 아니라 비판의 자리에 앉아 있는 것이다. 옛날 베뢰아 사람들은 사도 바울의 가르침이 자기들에게 생소한 것이었지만 멸시하며 물리치지 않고 이것이 그러한가 하면서 날마다 성경을 상고했다. 정말이지 지금은 현대 사상의 사도라고 하는 사람들이 성경에 의문을 제기하면서 기독교 신앙의 가장 기초적인 것을 저버리는 시대가 되어 버렸다.

21일 복된 형통 3
BLESSED PROSPERITY 3

여호와의 율법을 즐거워하며
그 율법을 주야로 묵상하는 자로다.
(시편 1:2)

*His delight is in the law of the Lord;
and in His law doth he meditate day and night.*
(Psalm 1:2)

이제껏 우리는 진정으로 복된 사람이 피할 것들을 적어 보았다. 이제부터는 하나님의 사람이 지니고 있음으로 해서 보호해 주는 방패가 되고 힘의 근원이 되는 특성을 한번 확대해서 생각해 보아야겠다.

거듭나지 않은 사람은 주의 법을 즐거워하지 못한다. 성경이 이 세상에서 가장 훌륭한 책이기 때문에 성경을 숭배할 수도 있고 그것을 크게 칭송할 수는 있다. 그러나 개종하게 되면 성경이 전혀 새로운 책으로 다가온다.

사람이 무엇을 기뻐하는지 알기는 어렵지 않다. 그 마음에 가득 차 있는 것이 그 입에서 나오기 때문이다. 어머니는 아기에 대해서, 정치가는 정치에 대해서 과학자는 자기가 좋아하는 과학에 대해서 말하기를 좋아하고 운동선수는 스포츠에 대해서 말하는 것을 즐거워한다. 같은 이치로 참 신앙으로 행복한 기독교인이라면 하나님의 말씀을 즐거워하는 것이 드러난다. 자연스럽게 저절로 그런 말을 자주 할 것이다.

우리가 전체적인 하나님의 말씀을 의미한다고 이해하고 있는 '여호와의 율법'이라는 말은 매우 시사적이다. 하나님은 성경을 통해서 우리가 해야 할 일을 가르치려고 하셨다. 우리는 하나님으로부터 받아 낼 수 있는 것이나 하나님이 하신 약속만을 구하는 것에 그쳐서는 안 된다. 에스라는 자기 마음을 준비하여 여호와의 율법을 행하고 이스라엘에게 그 법령과 규례를 가르치기 위하여 율법을 찾는다고 했다. 그 결과 하나님의 손이 영원히 그와 함께하셨다.

그런데 성경은 그에게 어떤 사람이 되며 무엇을 해야 하는지를 가르치고 예시해 주는 하나님의 율법이 될 뿐 아니라 또한 동시에 더욱 하나님 자신이 어떤 분이시고 무엇을 하시는지를 계시하는 역할도 할 것이다. 하나님의 사람은 성경 말씀에서 위대한 일을 행하시는 분이심을 발견하고 기뻐하며 그분과 함께 동역하는 특권을 즐거워할 것이다. 자기 자신이나 수천 명의 동역자가 죽을지도 모르지만, 그러한 생각 때문에 자신이 하는 노력을 그만두지 않을 것이다. 왜냐하면 하나님 안에서 행한 것은 영원히 남을 것이고, 그 안에서 불완전한 것은 위대한 일을 행하시는 그분이 완전하게 만들어 주실 것이기 때문이다.

22일

복된 형통 4
BLESSED PROSPERITY 4

그는 시냇가에 심은 나무가 철을 따라 열매를 맺으며
그 잎사귀가 마르지 아니함 같으니 그가 하는 모든 일이 다 형통하리로다.
(시편 1:3)

He shall be like a tree planted by the rivers of water,
that bringeth forth his fruit in his season; his leaf also shall not wither;
and whatsoever he doeth shall prosper.

(Psalm 1:3)

    이것은 성경 안에 있는 약속의 말씀 중에서도 현저히 주목할 만한 약속이다. 만일 우리가 세상 사람들에게, 하는 일마다 성공이 보장되는 세상적 계획을 가르쳐 준다면 얼마나 열심히 그 일을 하겠는가? 그런데 하나님께서 당신의 백성에게 그렇게도 효과적인 계획을 가르쳐 주시는데도 그것을 자기 것으로 삼고 따르는 사람은 왜 그렇게 적은가! 어떤 사람은 완전히 세상과 결별하지 못하여 넘어지고, 또 다른 사람은 마땅히 시간을 내어 하나님의 말씀을 묵상해야 함에도 불구하고 다른 일에 바빠서 넘어진다. 아침에 경건의 시간을 내기가 쉽지 않은 사람이 있다. 그러나 다른 어떤 것으로도 그 시간을 대치할 수 없는 것이다.

    이제 그 복이 어떤 것인지 생각해 보자.

1. 견실함

그는 나무와 같아서 (한해살이 식물이 아니라) 계속해서 자라고 많은 열매를 맺을 것이다.

2. 독자적인 공급

시냇가에 심겨져 있다. 비가 오지 않고 이슬이 맺히지 않아도 깊이 흐르는 원천은 마르지 않는다.

3. 계절을 따라 맺히는 열매

아주 아름다운 모습이다. 통로를 통하여 흐르는 물의 이미지가 아니라 그리스도와 연합하여 변화된 우리의 삶의 결과로 맺어지는 열매이다. 하나님은 은혜로우시게도 그저 기계적으로 우리를 통해서 일하시는 것이 아니라 우리가 참 포도나무의 가지가 되어 그 열매를 맺도록 해주신다.

일과 열매 사이에는 근본적인 차이가 있다. 일이 노력의 결과라면 열매는 삶의 결과이다. 나쁜 사람도 좋은 일을 할 수 있다. 그러나 나쁜 나무는 좋은 열매를 맺지 못한다. 일은 재생산하지 못하지만 열매는 그 자체 안에 필요한 생명력을 지니고 있다. 흥미롭게도 성경은 성령의 열매를 복수로 말하고 있지 않다. 각 열매의 이름을 집어낼 수는 있지만 열매는 단수로서 사랑, 기쁨, 평화, 인내 등등으로 구성된 값진 덩어리인 것이다. 시절을 따라 그러한 열매를 낸다니 얼마나 복된 일인가!

복된 형통 5
BLESSED PROSPERITY 5

23일

그 잎사귀가 마르지 아니함 같으니
그가 하는 모든 일이 다 형통하리로다.
(시편 1:3)

His leaf also shall not wither;
and whatsoever he doeth shall prosper.
(Psalm 1:3)

조건이 충족되기만 하면 믿음으로 주장할 수 있는 축복이 무엇인지에 대해서 계속 더 살펴보자. 그 행복은 다양한 면에서 누릴 수 있는 것이다. **늘 싱싱하다.** '그 잎이 마르지 않을 것이다.' 우리 기후에서는 대부분 나무들이 겨울에 생명은 유지하지만 잎은 떨어진다. 그런데 상록수는 겨울에도 살아있을 뿐 아니라 잎도 붙어 있다. 그 잎이 더 또렷이 보이는 것은 주위의 다른 가지가 전부 벌거벗고 있기 때문이다. 그 안에 있는 생명력이 너무 강해서 낮이 짧아지는 것이나 차디찬 눈이 내리는 것이나 그 아무 것도 두렵지 않다. 하나님과 교제하는 것을 생명으로 삼고 사는 하나님의 사람도 바로 그렇다. 역경이 닥치면 오히려 내부에 있는 생명력을 더 이끌어낸다.

나뭇잎은 그저 장식물이 아니다. 뿌리가 받아들이는 힘이라면 나뭇잎은 거저 주거나 정화하는 은혜를 생각하게 한다. 뿌리에서 가늘게 오는 수액만으로는 나무가 되지 못한다. 나무는 나뭇잎을 통하여 주위로부터 탄소를 흡수한다. 뿌리가 나뭇잎에 영양을 공급하듯이 가느다란 뿌리도 나뭇잎이 만들어주는 영양분에 의해서 유지된다. 나무에서 나뭇잎을 없애면 죽어버릴 것이다. 하나님은 그 잎사귀가 마르지 않을 것이라고 말씀하신다.

한결 같은 형통이 있다. '그가 하는 모든 일이 다 형통할 것이다.' 이 이상 더 좋은 약속을 할 수 있겠는가? 자기가 하는 모든 일에서 하나님의 손길을 보는 것은 하나님의 자녀의 특권이다. 자기가 하고 있고 해야 하는 모든 일을 통하여 하나님을 섬기는 일도 자녀의 특권이다. 하나님의 종으로서 하고 있는 일이라면 무엇이든지 필요한 것을 하나님께서 모자람 없이 넉넉하게 주실 것이라고 믿을 수 있다.

그런데 이 형통함은 믿음의 눈이 아니고는 언제나 또렷이 보이지 않을 것이다. 영광의 주께서 저주의 나무에 못 박히셨을 때, 틀림없이 지옥의 군대는 기뻐했을 것이다. 그렇지만 바로 그 순간, 주께서 우리를 대속하기 위해서 제물로 자신을 드렸던 바로 그때 이상으로 우리의 복되신 주께서 더 형통하신 적은 없었다. 진정한 형통함은 보통 가장 깊은 고난의 길에 놓여 있다. 그러니 그리스도를 따르는 자들은 바로 그 길을 족한 줄로 알고 걸어야 할 것이다.

복된 역경 1
BLESSED ADVERSITY 1

24일

주신 이도 여호와시요 거두신 이도 여호와시오니
여호와의 이름이 찬송을 받으실지니이다.

(욥기 1:21)

The Lord gave, and the Lord hath taken away;
blessed be the Name of the Lord.

(Job 1:21)

하나님이 다루시는 모든 일은 축복으로 가득 차 있다. 그분은 성품이 선하시기 때문에 오직, 또 계속해서 선한 일만을 행하신다. 주님을 자기 목자로 받아들인 신자는 확신을 가지고 '주의 선하심과 인자하심이 정녕 나를 따르리니'라는 시편 기자와 같은 고백을 할 수 있다. 그렇기 때문에 형통할 때와 마찬가지로 역경의 때에도 축복으로 가득 차 있다고 확신할 수 있다. 신자는 하나님께서 역경으로 다루실 때 그 이유를 알기 전에도 만족할 수 있다. 왜냐하면 하나님을 사랑하는 자에게 모든 것이 합하여 선을 이루는 것을 잘 알고 있기 때문이다.

욥의 일대기는 매우 흥미롭고 우리에게 유익한 교훈으로 가득 차 있다. 보이지 않는 세계의 장막이 걷히니 우리의 대적인 사탄의 힘이 얼마나 대단한지 알게 된다. 그러나 또 한편으로 하나님 우리 아버지의 허락이 없으면 사탄이 얼마나 무력한지도 알게 된다.

사탄은 신자가 슬픔이나 시험을 당할 때 하나님이 자기에 대해서 화를 내고 계신 것으로 생각하도록 유도하여 괴롭힌다. 아니다! 우리 하나님 아버지는 자녀가 시험을 당할 때 오히려 믿음으로 그분께 나오는 것을 기뻐하신다. 아브라함을 예로 들어보자. 하나님은 당신의 종을 완전히 믿었기 때문에 주저 없이 그를 불러서 사랑하는 아들을 바치라고까지 하셨다. 욥의 경우는 사탄이 욥에 대해서 하나님께 도전한 것이 아니라 하나님께서 먼저 그 교활한 대적에게 욥에게서 흠을 찾아볼 수 있느냐고 도전하셨다. 어느 경우든 은혜가 승리하였고 그 인내와 충성심에 보상이 있었다.

사탄의 대답은 주목할 만하다. 그는 하나님의 종을 유의해서 보았고 틀림없이 욥에 대해서 잘 알고 있었다. 악한 대적이 하나님이 사랑하시는 종을 괴롭히고 방황하게 하려고 갖은 방법으로 애를 썼지만 아무런 효과가 없었다. 그래서 사탄이 보니 주께서 욥의 집과 그의 모든 소유물을 울타리로 두르고 계신 것이었다. 그렇게 보호를 받으며 살고 있다니 얼마나 복된 일인가!

오늘날에는 그와 유사한 영적인 축복이 없는가? 감사하게도 오늘날에도 그러한 축복이 있다. 모든 신자는 욥과 마찬가지로 안전하게 보호 받고 있고 그와 같은 풍성한 축복을 받고 있다.

25일   복된 역경 2

BLESSED ADVERSITY 2

주신 이도 여호와시요 거두신 이도 여호와시오니
여호와의 이름이 찬송을 받으실지니이다.

(욥기 1:21)

The Lord gave, and the Lord hath taken away;
blessed be the Name of the Lord.

(Job 1:21)

참소자는 욥의 품성이나 삶에서 아무런 흠을 찾지 못하자 그것이 모두 이기심에서 나온 것이라고 넌지시 말한다. '욥이 아무런 이유 없이 하나님을 경외하겠습니까?' 사실 욥에게 이유가 있었다. 사탄도 그 사실을 잘 알고 있었다. 그 누구나, 그 이전에도 그 이후로부터 지금까지도 죽 그러지 않은 사람은 없었다. 하늘에 계신 우리의 주인을 섬기는 일보다 더 크게 보상 받는 일은 없다. 그렇게 훌륭하게 보상을 해 주는 분을 다른 곳에서는 찾아볼 수 없다. 사탄은 맞는 말을 하고 있었다. 그렇지만 그 교묘한 암시―욥이 하나님을 섬기는 것이 보수를 받기 위해서 라는 -는 사실이 아니었다. 그래서 욥의 순수한 동기를 증명하기 위해서 사탄에게 욥을 시험해 봐도 좋다고 허락해 주셨다.

그러자 사탄은 곧 그 악한 성격대로 그 경건한 사람에게 연거푸 재앙을 내린다. 그러나 시험을 허락하신 하나님은 또한 필요한 은혜도 주셨다. 욥은 이렇게 대답한다. '주신 이도 여호와시요 거두신 이도 여호와시오니 여호와의 이름이 찬송을 받으실지니이다.'

욥이 잘못 말한 것이 아닌가? 주님이 주셨고 사탄이 가져갔다고 해야 하지 않는가? 아니, 그것은 잘못 한 말이 아니었다. 그는 이 모든 재앙 가운데에서 하나님의 손을 식별할 수 있었다. 사탄은 감히 자기가 욥을 괴롭히겠다는 요구를 하나님께 하지 못했다. 대신에 이렇게 말했다. '당신의 손을 펴서 그가 가진 것을 치십시오. 그러면 주의 면전에서 욕을 할 것입니다.' 그리고는 다시 또 '당신의 손을 펴서 그의 살과 뼈를 치십시오. 그러면 틀림없이 주를 저주할 것입니다.' 사탄은 욥에게 손댈 분은 하나님 외에는 없다는 것을 알았다. 그리고 욥도 주님이 하신 일이라고 제대로 깨닫고 있었다. 사탄은 종에 불과하지 주인이 아니며, 사탄이나 그의 충동으로 악하게 대하는 사람도 하나님이 허락하는 한도 내에서 그렇게 하는 것임을 명심하는 것이 도움이 될 때가 많다. 하나님의 계획된 모략 속에서 그분이 미리 아시는 가운데 그러한 일이 일어난 것이다. 우리는 기쁜 일이건 슬픈 일이건 언제나 모두 하나님의 손이 관여하신 일로 받아들이면 되는 것이다.

26일

복된 역경 3
BLESSED ADVERSITY 3

주신 이도 여호와시요 거두신 이도 여호와시오니
여호와의 이름이 찬송을 받으실지니이다.
(욥기 1:21)

The Lord gave, and the Lord hath taken away;
blessed be the Name of the Lord.
(Job 1:21)

욥의 친척들도 그를 버리고, 가까운 친구도 그를 잊은 것 같았다. 자기 집에 사는 사람들도 그를 이방인 취급을 하고 종들은 불러도 대답을 하지 않았다. 그 중에서도 제일 나빴던 일은 자기 아내가 그에게서 등을 돌린 것이었다. 주위 사람들은 틀림없이 그가 하나님의 원수가 되었다고 생각했을 것이다.

그런데 그렇지 않았다. 하나님은 온화하신 아버지의 사랑으로 내내 지켜보고 계셨다. 길고 길었던 시험은 그래도 잠시였고 그 후에는 영원한 구원의 노래를 부를 수 있었다.

하나님이 당신의 종에게 주셨던 축복은 작은 것이 아니었다. 이 환난의 기간 동안 욥은 형통할 때에는 평생 배울 수 없었던 교훈을 배웠다. 조급해서 범했던 실수를 고칠 수 있었고 하나님에 대한 지식을 더 깊이 가질 수 있었다. 자기가 이전에는 하나님에 대해서 귀로만 듣고 남이 해주는 말만 듣고 알고 있었는데 이제는 자기 눈으로 직접 보았기 때문에 그분을 더 잘 알게 되었다고 고백한다. 그리고 그 일 후에 욥은 140세까지 살았고 자녀와 그 후손을 4대까지 볼 수 있었다.

그렇게 욥의 형통함이 복된 것처럼 그의 역경도 복된 것이 아니었는가? '저녁에는 울음이 깃들지라도 아침에는 기쁨이 오리로다'는 말씀대로 그 눈물의 밤에 즐거웠던 날보다 더 풍성하고 영원한 열매를 맺은 것이다. 어두움에서 빛이 나오는 것이 하나님의 질서이다.

오늘날 물질주의가 깊이 박혀 있어서 보이지 않는 세계의 작용에 대해서 잊을 위험이 있다. 보이지 않지만 대적의 힘을 과소평가하지 말자. 보이지 않는 대적에 비해 보이는 대적을 다루기는 비교적 쉬운 일이다. 우리는 하나님의 전신갑주를 입어야 하고 사탄의 궤계에 대해서도 무지하면 안 된다. 하나님 한 분만이 전능하시다는 진리를 소중하게 간직하자. '만일 하나님이 우리와 함께 하시면 누가 우리를 대적하겠는가?'

27일 목자의 돌보심 아래에서
UNDER THE SHEPHERD'S CARE

너희가 전에는 양과 같이 길을 잃었더니
이제는 너희 영혼의 목자와 감독 되신 이에게 돌아왔느니라.
(베드로전서 2:25)

For ye were as sheep going astray; but are now returned
unto the Shepherd and Bishop of your souls.
(1Peter 2:25)

이것은 틀림없이 신자에게 하신 말씀이다. 우리는 맹목적으로 고집스럽게 지각없는 지도자를 따라가던 양이었다. 각자 제 갈 길로 갔던 것이다. 그런데 이제 우리 영혼의 목자와 감독 되신 이에게 돌아왔다. 이제 우리에게 지도자이시고 머리 되신 주인이 계신 것이다. 이 사실을 깨닫는 것이 얼마나 복된 일인지…. 하나님은 우리가 누군가의 뒤를 따라가도록 만드셨다. 우리는 언제나 누군가를 따라가는데 슬프게도 이제까지는 바른 주인을 따라가지 않았다. 이제 우리가 상황에 휘둘려 살게 되거나, 우리 자신의 지혜로 살도록 버려지지 않았다니 얼마나 안심이 되는지…. 우리는 결코 미래를 골라 가질 수 없고 결코 온전히 현재를 떠맡을 수 없는 인생들이다.

주님과 같은 목자요 감독이자 관리자가 우리에게 계시다는 것이 얼마나 복된 일인지! 에딘버러에서 젊은이들의 성찬식에 간 적이 있었는데 그때 챠터리스 교수가 한 말이 자주 생각난다. 그의 말에 의하면 주 예수님께서는 요람에서 십자가까지 부단히 흔들리지 않는 삶을 사셨다. 십자가 쪽의 방향만을 향하여 전개된 인생이었다. 진정한 그리스도인의 삶은 언제나 생명이 끝나는 곳, 바로 십자가에서부터 시작된다. 그리고 신자의 삶에 있어서 바른 발전 방향은 요람으로 향하는 것이다. 무한히 지혜로우시고 사랑 많으신 그분의 전능하신 손 아래에서 아기처럼 쉴 수 있을 때까지 가는 것이다. 우리는 어디로 가야 할 지 모르지만 그것을 알고 계시는 안내자가 있다는 사실을 더 굳게 믿으면, 우리 삶에 그만큼 더 큰 안식이 있게 될 것이다. 장래에 어떤 환난이나 무거운 짐, 난처한 일이 있을지 모르지만 우리는 자신이 누구의 것이고, 누구를 섬기는가를 알고 있다. 그분이 모든 것을 알고 계신다. 우리는 그것으로 족한 것이다.

이 소중한 사실에 우리는 모두 즐거워하고 있는가? 나는 길 잃은 양이었는데 이제 돌아왔다고 말할 수 있는가? 그렇게 고백하지 못하는 사람이 있다면, 비록 보이지는 않지만 돌아오는 자를 맞아주시기 위하여 목자와 감독되신 그분이 여기에 계신다. 만일 누군가 죄의 짐에 눌려 있다면, 그분은 오셔서 용서해 주신다. 염려로 마음이 무거운 사람이 있다면, 그분께서는 오셔서 그 염려도 다 맡아 주신다. 우리가 맡겨드리면 신실하게 맡아 주신다. 우리가 모두 유순한 마음이 되어 그분이 돌보시는 양이 되기를 소원한다.

28일 그리스도 안에서 받아주심

ACCEPTANCE IN CHRIST

나실인의 법은 이러하니라.
자기의 몸을 구별한 날이 차면
그 사람을 회막 문으로 데리고 갈 것이요.
그는 여호와께 헌물을 드릴 것이니라.
(민수기 6:13~14)

And this is the law of the Nazarite,
when the days of his separation are fulfilled:
he shall be brought unto the door of the tabernacle of the congregation:
And he shall offer his offering unto the LORD,
(Numbers 6:13~14)

우리는 이제 서약을 충실히 이행한 나실인의 경우를 다룬다. 나실인은 하나님이 요구하시는 것을 전부 수행했고 양심에는 아무런 가책이 없었다. 하나님과 사람 앞에서 흠이 없는 것이다. 이제 그는 스스로를 축하해도 되지 않을까? 어느 정도 잘한 것도 있고 하나님이 받으실 만한 봉사도 했으며 사람들 사이에서 계속 증인으로 살았으니? 그가 하는 맹세의 결론으로 드리는 헌물—번제, 속죄제, 화목제—이 이 질문에 인상적인 대답을 준다. 드리는 제물을 보면 흠 없는 것과 죄가 없는 것 사이에 중대한 차이점이 드러난다. 그는 규례를 지켰기 때문에 흠이 없었다. 그러나 속죄제와 번제와 화목제가 필요한 것을 볼 때 우리의 것은 거룩한 것이라고 해도 죄가 있는 것임을 기억하게 된다. 그래서 우리의 가장 나쁜 것뿐 아니라 가장 좋은 것도 하나님이 받으실 만한 것이 되기 위해서는 오직 주 예수 그리스도의 속죄를 통해서만이 가능한 것이다.

신자가 드리는 최선의 봉사가 자기 양심을 온전히 만족시켜 주지 못하고, 예수 그리스도를 통하지 않고는 하나님께 받아들여지지 않는다고는 해도, 그에게 필요한 것은 그리스도 안에서 전부 채워질 수 있으며, 그분께서 참으로 자신을 받아주셨기 때문에, 그 존재 자체가 아버지 하나님의 참 기쁨이 되어, 가장 풍성한 하나님의 축복을 받는 것이라는 사실을 아는 일은 매우 복된 것이다. 어린 아이가 부모를 기쁘게 해드리려고 노력은 하지만 매우 불완전하여 어떤 때는 아무 소용이 없는 정도가 아니라 오히려 더 나쁠 때가 있다. 그러나 부모가 자기를 기쁘게 해주려고 애쓰는 자녀의 노력을 볼 때, 비록 하는 일은 시원치 않아도 마음은 기쁘지 않은가? 마찬가지로 나실인이 되는 것, 오직 언제나 그렇게 되는 것은 우리의 특권이다. 그리고 비록 불완전하기는 하지만 그리스도를 통하여 우리가 드리는 섬김으로 우리의 하늘 아버지께 기쁨과 만족을 드리는 것도 우리의 특권인 것이다.

29일

열매 맺는 비결
THE SECRET OF FRUITFULNESS

그가 내 안에, 내가 그 안에 거하면 사람이 열매를 많이 맺나니
나를 떠나서는 너희가 아무 것도 할 수 없음이라.
(요한복음 15:5)

He that abideth in me, and I in him, the same bringeth forth much fruit: for
without me ye can do nothing.
(John 15:5)

    이 말씀은 매우 친근하고 그리스도인들이 모두 좋아하는 것이기는 하지만 아직도 사람들은 그리스도 안에 거한다는 주제를 실제적으로 이해하지 못하고 있다. 우리도 이 말씀에서 그리스도께서 주시는 의미를 파악하지 못하고 우리 자신의 생각으로 읽었기 때문에 실망하며 슬픈 날들을 보냈다.

    요한복음 15장에 나오는 '나는 ~ 이다'라는 두 단어에 열매를 맺는 모든 비결이 들어 있다. '나는 참 포도나무이다.' 우리가 어떤 존재인 것이 문제가 아니라 그분이 어떤 분이신지, 우리가 무엇을 하느냐가 아니라 그분의 생명이 우리 안에서 그리고 우리를 통하여 어떤 일을

하는지가 중요하다. '나에게서 너의 열매를 발견한다.' 그분이 진짜 사역자이고 실제로는 그분이 열매를 맺는 것이다.

참 포도나무라는 말에서 '참'은 거짓의 반대말이 아니다. 견본이 아니고 진짜 나무라는 의미이다. 포도나무는 진리를 예증하기 위해 빌려 쓴 말이 아니고 주님과 열매를 맺는 가지와의 관계―그분의 생각과 목적에 이미 있었던 관계―를 나타내기 위해서 고안한 것이다. 이것은 중요한 진리로 포도나무에 독특한 관심을 기울이게 하며 우리 눈을 열어서 세상의 다른 것들도 볼 수 있게 해 준다. 하나님의 좋은 선물뿐 아니라 창조주 자신에 대한 복된 계시를 알 수 있게 해주는 것이다.

그리스도께서 참 포도나무라고 하실 때 포도나무의 뿌리라고 하지 않으신 것에 주목하자. 포도나무라는 나무 전체를 말씀하셨다. 우리는 가끔 이런 실수를 한다. 발육이 나쁘고 허약한 나의 가지가 어떻게 하면 뿌리에서부터 자양분을 빨아들일 수 있을까? 포도나무가 무엇인가? 그것은 뿌리, 줄기, 가지, 잎으로 이루어진 전체가 아닌가? 우리는 그리스도로부터, 또는 그리스도에게서 무언가를 얻어내려고 하지 말고 그리스도 안에서 그분의 모든 충만함을 즐겨야 한다. 주님은 우리에게 선물로 생명을 주신 것이 아니다. 그분 자신이 우리의 생명이 되셨다. '우리의 생명이신 그리스도께서 나타나실 때 그분과 함께 너희도 영광중에 나타날 것이다.' 그분으로부터가 아니라 그분 안에서인 것이다. 언제나 그리스도를 전체적인 포도나무로 이해할 수 있도록 애를 쓰자. 그분을 떠나서는 열매를 맺을 수 없는 것이다.

30일

다스리는 분
THE REIGNING ONE

전능하신 주 하나님이 다스리신다.
(요한계시록 19:6)

The Lord God Omnipotent reigneth.
(Revelation 19:6)

기쁜 날이 오고 있다! 수많은 무리들이 많은 물소리처럼 굉장한 천둥소리처럼 외칠 것이다. '할렐루야! 전능하신 주 하나님께서 다스리신다. 모두 함께 기뻐하며 그분께 영광을 돌리자. 어린 양의 혼인날이 다가왔고 신부가 예비되었다.' 그리고 대추수가 있을 것이다. 모든 민족과 방언과 백성에게서 나온 수많은 무리가 흰 옷을 입고 승리의 종려나무를 흔들며 큰 소리로 외칠 것이다. '구원이 보좌에 계신 우리 하나님과 어린 양께 있도다!'

'어린 양의 혼인 잔치에 부르심을 받은 자들은 복이 있도다!' 정말로 그렇다. 그리고 그들을 부르는 일에 도구로 쓰임받은 행복한 사람들도 기뻐하지 않겠는가? 만일 하늘나라에 슬픔이 있을 수 있다면, 우리가 주님의 명령에 더욱 충실히 순종하였다면, 세상에 살 때 그분의 일에 더욱 큰 대가를 드렸다면 부르심을 받지 못한 사람 중 몇 명은 더 그 자리에 오게 할 수 있지 않았을까 하는 생각 때문이 아닐까?

왜 더 많은 그리스도인들이 어떤 대가를 지불하고라도 죽어가는 사람들을 구원하기 위하여 기쁘게 모든 것을 버려두고 그리스도를 따르지 않는 것인가? 그것은 우리가 그분의 왕국이 장래에 올 것을 바라보면서도, 그분의 것인 우리 마음을 다스리실 권리가 현재 그분께 있는 것을 잊고 있기 때문이 아닌가? 그분께 하늘과 땅의 모든 권세가 있다는 복된 사실에 무관심하기 때문이 아닌가? 그래서 사람들은 주님께 순종하기 위하여 남김 없는 헌신과 신뢰를 드리려고 하지 않는다. 결코 시도조차 하지 않고 자기가 주인인 양 마음대로 살고 자기 좋은 대로 행동한다. 시간이나 힘, 가진 것을 그저 자신의 편의대로 자기 생각에 알맞은 만큼만 하나님께 드린다. 그 결과 '가라'는 말은 많은 사람에게 '머물라'가 되고 '너희는' 이라는 말은 '누군가' 또는 '아무든지' 아니면 '아무도'가 되어버리는지 모르겠다. 그러는 동안 부르심을 받지 못한 수백 만 명의 영혼들은 하나님을 모르는 채 죽어가고 있다. 모든 사람에게 복음을 전하라는 하나님의 명령을 소홀히 하고 있다. 그러면 누군가가 그 피 값을 치를 것이다. 내가 그 누군가가 아닌 것이 분명한가?

3
사역의 유산

The Legacy of His Work

> 너희를 인도하던 자들을 생각하며 … 그들의 믿음을 본받으라.
> (히브리서 13:7)
>
> Remember your leaders ... follow the example of their faith.
> (Hebrews 13:7)

'나는 죽음을 불사하고 내지로 들어가는 길을 열어야겠다.' 아프리카의 리빙스턴은 그렇게 썼다. '중국을 위해서 무언가를 하지 않으면 못 살 것 같은 심정이다.' 이것은 허드슨 테일러가 쓴 글이다. 그 두 사람은 각자 자기만의 특별한 부담이 있었고 자기가 선택한 땅에서 죽었다. 그곳이 한 사람에게는 중앙아프리카였고 다른 한 사람에게는 중국의 심장부였다. 그러나 그들의 눈은 '오실 주님의 영광'이라는 같은 곳을 바라보고 있었다.

'나를 엄습해오던 그 느낌을 나는 결코 잊지 못할 것이다.' 허드슨 테일러가 그 경험에 대해서 기록한 글이다. '말로는 그것을 표현할 수 없다. 나는 하나님의 임재 바로 그 속에 있는 것처럼 느껴졌다. 그곳에서 전능하신 분과 언약의 관계로 들어가는 느낌이었다.' '저는 제발 여러분이 아프리카에 관심을 가져주시기를 부탁드립니다.' 리빙스턴은 1857년 12월 3일, 케임브리지에서 이런 말로 강연을 마무리 하였는데, 매우 기억에 남는 내용이었다.

'현재는 그 나라가 열려 있지만, 몇 년 후에는 제가 더 이상 그 나라에 있지 못하게 될 것입니다. 그 나라가 다시 닫히도록 내버려두지 마십시오. 저는 상업과 복음의 길을 열기 위해서 다시 아프리카로 돌아갑니다. 제가 시작한 일을 여러분이 계속하여 끝내 주시기 바랍니다. 저는 그 일을 여러분에게 맡깁니다.' 리빙스턴은 기독교 국가인 영국에 이 위대한 말을 그의 유산으로 남기고 자리에 앉았다. 당시 그곳에 있던 사람이 전해주는 말에 의하면 그 영향이 엄청났다고 한다. '연사가 갑자기 목소리를 높이더니 "저는 그 일을 여러분에게 맡깁니다."라고 외쳤어요. 그리고는 갑자기 말을 멈추었습니다. 마치 회중 가운데 폭탄을 던진 것 같았지요.' 리빙스턴은 그 유산으로 아프리카를 남긴 것이었다.

허드슨 테일러의 유산 역시 그 단호함에 있어서는 리빙스턴에 못지 않았다. 그는 본래 훌륭한 지도자였기 때문에 수백 명이 자원해서 그를 따라 개척자가 되었다. 그는 그를 따르던 사람들에게, 중국 내지 선교회만 해도 한때 1,300명 이상 되던 선교사들에게 그리고 여러 파송국가의 수많은 친구와 지원자들에게, 중국의 복음화라는 거대한 미완성의 과업을 남겼다. '하나님의 은사와 부르심에는 후회하심이 없느니라.' 중국 내지 선교회만 해도 그렇게 멋진 목적을 가진 단체로서 그 자체가 대단한 유산이었다.

그러나 허드슨 테일러는 영적인 감화력이 조직 이상의 것임을 그 누구보다 더 잘 알고 있었다. 행정적인 일도 매우 세심하게 감당하고 있기는 했지만 사역에 활기를 띠게 하는 것은 오직 성령이 하시는 일임을 알고 있었던 것이다. 생명 없는 몸이 시체에 지나지 않는 것처럼 하나님의 생기가 없는 조직은 쓸모없는 것보다 더 나쁜 것이었다. 그래서 총재로서 마지막으로 쓴 공식적인 서한에서 그는 모든 일에 하나님을 계속 의지해야 한다고 하면서 '만일 하나님이 아닌 다른 영이 세력을 차지한다면 그 어떤 규정으로도 선교회를 구할 수 없고 구할 가치도 없습니다. 중국 내지 선교회는 하나님과 함께하는 살아 있는 몸이 되어야 합니다. 그렇지 않다면 더 이상 쓰임 받지 못할 것이고 지속될 수 없을 것입니다.'라고 역설했다.

1일

'오라' 그리고 '가라'

'COME' AND 'GO'

수고하고 무거운 짐 진 자들아, 다 내게로 오라.
내가 너희를 쉬게 하리라.
(마태복음 11:28)

Come unto Me, all ye that labour and are heavy laden,
and I will give you rest.
(Matthew 11:28)

    수고하고 무거운 짐을 진 모든 죄인들에게 그리스도는 '나에게 와서 쉬어라'라고 말씀하신다.

    그런데 수고하고 무거운 짐을 진 사람들이 신자 중에도 많이 있다. 이 초대는 그들을 위한 것이기도 하다. 만일 당신에게 사역이 무거운 짐이 되었다면 예수님의 말씀을 잘 살펴보고 오해하지 말기 바란다. 아마 당신은 '가서 계속 일하라'고 하시는 말씀이라고 상상할지 모르지만 그렇지 않다. 오히려 멈추고 돌아서서 '나에게 와서 쉬어라'라는 말씀대로 할 때이다. 그리스도께서는 절대로 결코 무거운 짐을 진 자에게 일하라고 하지 않으신다. 절대로 배고픈 자, 지친 자, 또는 아프거나 슬퍼하는 자에게 어떤 봉사도 요구하지 않으신다. 그런 사람들에게 성경은 '오라, 오라, 오라!'라고 할 뿐이다.

신약의 첫 전도자는 우리가 지금 언급하고 있는 초대말을 기록하였다. 마지막 전도자도 비슷한 초대를 하고 있다. '누구든지 목마르거든 내게로 와서 마시라.' 신약의 거의 끝 부분도 이러한 말씀으로 맺고 있다. '목마른 자는 와서 값없이 생명수를 마시라.'

주께서 구속한 백성들이 얼마나 많은 시간을 자기가 감당할 용기도 없고 힘도 없는 일을 해야 한다고 상상하며 슬픔과 자책 속에서 살고 있는지… 많은 신자들이 하루 이틀이 아니고 심지어 몇 달씩 그런 고민을 하고 있다. 기차나 버스로 여행을 하면서 함께 탄 승객에게 영혼의 이야기를 해야 한다는 부담은 있는데 말을 하지 못해서, 가는 동안 내내 심하게 고민하던 경험도 많이 있을 것이다. 더구나 하나님으로부터 받은 말씀이 없는 상태에서 말을 하기는 했는데, 좋기는커녕 오히려 해로운 일이 되어버렸던 적은 없었는가? 오! 만일 그들이 먼저 예수님께 왔더라면 상황이 얼마나 달라졌을까? 예수님께 와서 안식을 얻고 생명수를 발견했을 뿐 아니라 그 물이 안에서 솟아나와 자연스럽게 제어할 수 없는 강물이 되어 흘렀을 것이다. 그러면 진심에서 우러나오는 말 이상으로 그 행복한 얼굴이 증거가 되었을 것이다. 그러면 아무도 그 말하는 사람의 얼굴을 보면서 '틀림없이 저 사람 아주 무서운 종교를 믿고 있을 거야'라는 느낌을 갖지 않을 것이다. '오라'는 말에는 '가라'는 명령을 제외하는 것이 아니라 갈 수 있는 길을 준비하라는 의도가 포함되어 있는 것이다.

2일

골짜기마다 돋우어지며

EVERY VALLEY SHALL BE EXALTED

골짜기마다 돋우어지며 산마다, 언덕마다 낮아지며.

(이사야 40:4)

Every valley shall be exalted,
and every mountain and hill shall be made low.

(Isaiah 40:4)

이 구절은 그리스도께서 세상에 오실 길을 예비하던 세례요한에 대한 예언인데 우리에게도 마찬가지로 적용되는 말씀이다. 당시 '주의 길을 예비하는 일'은 쉬운 과업이 아니었다. 오늘날에도 쉽지 않은 어려움과 대단한 장애물들을 만난다. 바른 관점에서 이러한 어려움을 보는 일은 매우 중요한 일이다. 약속의 땅을 보고 나서 갈렙과 여호수아는 어떻게 나머지 열 명의 정탐꾼과 다른 견해를 가졌던가? 그 열 명은 어려움을 이스라엘의 연약한 점과 대비시켰던 반면, 그 두 명은 그것을 이스라엘의 하나님의 능력에 대비시켰다. 그리고 담대하게 주장했다. '우리는 능히 이길 수 있다.—그들은 우리의 밥이다.' 어려움은 믿음으로 극복하는 우리의 밥이다.

그렇다면 하나님께서 그분의 섭리 가운데 우리의 사역을 건널 수 없는 골짜기로, 오르지 못할 장애물이 있는 산지로, 교회가 열심히 힘을 내어 연합해도 바르게 하지 못하는 구부러진 길로, 인간의 힘으로 평평하게 할 수 없는 거친 곳으로 인도하실 때, 우리는 실망하겠는가? 그분의 거룩하신 능력이 안 보이는 가운데서 역사하시는 것을, 깨달은 신자뿐만 아니라 모든 육체가 볼 것이라고 성경에 확실히 말씀하고 있으니, 오히려 거룩하신 그분의 이름을 송축하며 찬양하지 않겠는가?

우리에게 능력이나 용기, 믿음이 없어서 스스로가 어떻게 돋울 수 없는 부족함의 깊은 골짜기가 있는 것을 절망하며 깨닫고 있지 않은가? 또한 우리의 분노하는 기질, 성급한 성격을 고치려고 애를 써보지만 소용이 없어서 낮추지 못하는 산들이나 낮은 산들이 있지 않은가? 그러나 이러한 빛 안에서 돌이켜보면 우리의 마음은 승리로 돋우어지고 입술에는 찬양이 가득하게 된다. 선교사들을 제압하여 넘어뜨릴 뻔했던 강도 높은 난관들, 그 숱한 어려움이 오히려 기쁨을 더해주고 궁극적인 승리를 더욱 확신하게 해주는 것으로 바뀌게 된다.

3일

하나님과 동역하기
WORKING WITH GOD

아무 것도 염려하지 말고 오직 모든 일에 기도와 간구로
너희 구할 것을 감사함으로 하나님께 아뢰라.
(빌립보서 4:6)

In nothing be anxious; but in everything by prayer
and supplication with thanksgiving
let your requests be made know unto God.
(Philippians 4:6)

친구들이여, 나는 여러분이 하나님과 함께 일한다는 이 원리, 그분께 무엇이나 구한다는 이 원리에 대해서 깨닫기를 바란다. 만일 그 일이 하나님이 명령하시는 것이라면 그 일을 위한 일꾼을 반드시 주실 것이라고 믿으며 기도할 수 있다. 그리고 하나님께서 사역자를 주실 때면, 우리는 또한 그분께 가서 필요한 것도 구할 수 있다. 우리는 기금이 있든 없든 언제나 합당한 일꾼을 받아들인다. 그리고 매우 자주 이렇게 말한다. '친구여, 이제 당신이 맨 처음으로 할 일은 중국에 갈 수 있는 돈을 보내달라고 우리와 함께 기도하는 것입니다.' 돈이 채워지고 때와 상황이 맞아지면 그 친구는 나간다. 중국에 도착했을

때 그에게 줄 돈이 수중에 없어도 기다리지 않는다. 주께서 마련해 주실 것이다.

우리 아버지는 매우 경험이 많은 분이시다. 당신의 자녀가 아침마다 일어나면 배가 고픈 것을 아시기 때문에 아침마다 먹을 것을 주시고, 또 저녁을 굶기고 잠자리에 들게 하지 않으신다. '먹을 것을 주시고 반드시 물을 주실 것이다.' 그분은 이스라엘 백성 300만 명을 광야에서 40년 동안이나 먹이셨다. 설마 하나님께서 300만 명을 중국에 선교사로 보내지는 않으실 것이다. 그러나 만일 보내신다고 해도 그분께는 그들 모두를 부양할 방법이 얼마든지 있으시다. 하나님을 눈앞에 모시고 살자. 그분의 길을 따라 행하며 모든 일에서 그분을 기쁘시게 하고 그분께 영광을 돌리도록 하자. 하나님의 방법을 따라 하는 하나님의 일에는 결코 그분의 공급이 부족하지 않을 것이다.

재정이 들어오지 않으면 이제는 질문을 할 때이다. 무엇이 잘못되었는가? 어쩌면 단순히 일시적으로 믿음을 시험하는 것일 수도 있다. 만일 믿음이 있다면 시험을 견딜 것이고, 그렇지 않다고 해도 속아서는 안 된다. 수중에 돈이 있고 찬장에 음식이 있으면 자기에게 믿음이 있다고 생각하기 쉽다. 미스 해버걸은 '그분을 온전히 믿는 사람은 그분이 온전하신 것을 알게 된다'라고 했지만, 내 경험으로 보아 하나님은 온전히 믿지 않는 사람에게라도 당신의 말씀을 어기지 않으신다. '그분은 자신을 부인할 수 없으시다.'(딤후2:13)

하나님의 전쟁

GOD'S BATTLE

4일

> 그 전쟁은 너희 것이 아니라 하나님의 것이다.
> 내일 그들에게 내려가라.
> (역대하 20:15~16)
>
> The battle is not yours,
> but God's. Tomorrow go ye down against them.
> (2 Chronicles 20:15~16)

여호사밧의 생애는 그가 영적으로 반응을 보였던 여러 일들로 인해서 우리에게 주는 교훈이 많다. 처음에는 충실한 왕으로서 첫 발을 잘 내디뎠다. 그런데 슬프게도 변화가 있었다. 여호사밧이 큰 실수를 하고 죄를 지은 이후로 수없이 많은 재앙이 닥쳤다. 그러자 그는 백성들과 함께 주님을 찾기 시작했다. 주님의 반응에 주목하라. '여호와께서 이같이 너희에게 말씀하시기를 너희는 이 큰 무리로 말미암아 두려워하거나 놀라지 말라. 이 전쟁은 너희에게 속한 것이 아니요, 하나님께 속한 것이니라. 내일 너희는 그들에게로 내려가라.—이 전쟁에는 너희가 싸울 것이 없나니 대열을 이루고 서서 너희와 함께 한 여

호와가 구원하는 것을 보라.—여호와가 너희와 함께 하리라 하셨느니라.' (역대하 20:16,17)

이 말씀이 중국의 복음화에 당면한 문제에 어떤 빛을 던져 주는가? 간략하게 몇 가지 생각을 짚어볼 것이다.

이 말씀을 누구에게 하였는가? 일단의 적은 무리였다. 수적으로 적고 자원도 없었으며 지도자들은 연약했다. 그런데 '내일 그들에게 내려가라'라는 명령이 떨어졌다. 그들이 하나님께 도와달라고 하자 하나님은 도와주겠다고 약속하셨다. 그런데 '내일 나가라'라는 명령을 하신 것이다.

즉각적이고 신속한 순종이 필요했던 것에 주목하라. 자기편이 강화되고 대적이 약화되기까지 기다려야 하는 것이 아니었다. 바로 '내일 그들에게 나가라'라고 말씀하셨다.

여호사밧이 아무 질문 없이 무조건적으로 어떻게 순종했는지 보라. 나가기를 꺼려했다거나 가다가 지체했다는 말이 없다.

마지막으로, 하나님께서 어떻게 즉시로 그들의 믿음을 영예롭게 해 주셨는지를 보라. 하나님께서는 역사상 유례없던 방법을 사용하여 그들을 온전히 구해주셨다.

우리는 온 세상에 나가서 모든 족속에게 복음을 전하라는 명령을 받고 있다. 그런데 우리는 적은 무리이다. 우리의 힘이 강화될 때까지, 더 자원이 많아지고 시설이 더 갖추어질 때까지 기다리겠는가? 아니면 하나님이 우리와 함께하시니 그분의 임재를 믿고 즉시 나가겠다고 말하겠는가?

광야에서 빵을
BREAD IN THE WILDERNESS

광야에 있어 우리가 어디서
이런 무리가 배부를 만큼 떡을 얻으리이까?
(마태복음 15:33)

Whence should we have so much bread in the wilderness,
so as to fill so great a multitude?
(Matthew 15:33)

복되신 우리 주님의 뜻과 명령이 진정 무엇인가? 어떻게 하면 시도만 하는 것이 아니라 실제로 그분께 순종하는 걸음을 내디딜 것인가? 우리는 과거 어느 때보다 더 진지하게 이렇게 질문해 보아야 할 필요가 있다는 생각이 든다. 성경 어디에도 시도해 보라고 하신 적은 없다. 일반적으로 '우리는 가능한 최선을 다하려고 노력해야 한다'는 표현을 하지만 나는 몇 년 전 주께서 신약 성경 중 어느 상황에서 제자들에게 그런 류의 언급을 했는가를 면밀히 찾아보았다. 그런 말이 한 군데도 없는 것에 나는 놀랐다. 그래서 이번에는 구약에서 찾아보았지만 마찬가지 결과였다. 순종하는 것이 불가능하게 보이는 명령이 많이 있었지만 그것들은 모두 뚜렷한 명령이었다.

하나님께서는 당신의 영을 주신다. 사모하는 자에게나, 기도하는 자에게나 언제나 충만하게 해달라고 소원하는 자에게가 아니라 당신의 성령을 순종하는 자에게 반드시 주신다. 주님이 축복하시면 한 손에 든, 적은 음식만으로도 충분히, 하려고 선택하신 일을 할 수 있다. 주인을 따르는 모든 자들, 그분이 하라고 하시는 일을 하고 있는 자들에게는 자원이 문제가 아닌 것이다. 전 창조 세계의 모든 피조물에게 복음을 전하라는 명령이 이전과 다르게 강력하고 절실하게 느껴진 적이 있었다. 신속하게 복음화 하라는 이 명령을 우리 가슴에 새겨야 한다는 생각이 들었다. 주께서 '모든 족속에게 복음을 전하라'라고 하신 것은 어떤 의미였을까? 그 명령은 진실로 각 세대마다 자기 세대를 복음화해야 한다는 의미이다. 그것은 우리 주께서 무리의 필요를 즉시로 채워주셨던 것과 마찬가지이다. 무리에게 이삼 일 뒤에 먹을 것을 주겠다고 하는 말은 소용이 없었다. 그들은 배가 고팠고 돌아가다 도중에 길에서 쓰러질 수 있었다. 오늘날도 수많은 사람들이 죽어가고 있다. 우리가 기다리는 동안에 그들은 복음 없이 죽어가고 있다.

가서 전하라
TELL IT OUT

6일

그 때에 내가 이르되 내가 여기 있나이다, 나를 보내소서.
그러자 여호와께서 이르시되 가서 이 백성에게 이르라.
(이사야 6:8~9)

Then I said, Here am I; send me.
And He said, Go, and tell this people.
(Isaiah 6:8~9)

사랑하는 친구들이여! 우리는 왜 이방에 가서 주가 왕이시라고 전해야 하는가? 정말로 그래야만 하는가? 나와 당신은 정말로 그것을 믿고 있는가? 나는 왕이신 그분께 기꺼이 순종할 준비가 되어 있는가? 당신은 어떠한가? 사랑하는 친구들이여, 오늘 하나님 앞에서 정직해지자. 과연 주가 왕이신가? 그렇다면 하나님께서 우리를 당신의 충성스러운 신하, 순종하는 신하들로 만들어 주시기를 기도드리자.

'주가 다스리신다고 이방에 가서 전하라.' 왜 우리가 그 말을 전해야 하는가? 정말로 그분이 다스리시는가? 구주께서 다스리신다면, 우리는 오늘 왜 여기에 있는가? 왜 다스리시는 구주에 대해서 듣지 못한 사람들이 있는가? 중국에서 기근으로 죽어가고 있는 수백 만 명은 어떻게 하는가? 이런 식으로 고통당할 때 그들은 '주가 어디 계시는가?'라고 묻는다. '구주가 살아계시나? 그분이 다스리시나?' 사랑하는 친구들이여, 여기 있는 여러분의 귀에 그 부르짖는 소리가 울리고 있는가? 몇 명 안 되는 우리 선교사들에게 '가서 전하라'라고 하지 말고 스스로에게 물어보기 바란다. 정말인가? 주께서 다스리시는 것이 사실인가? 그렇게 생각되지 않으면 그렇게 전하라고 하지 않는다. 그러나 만일 여러분이 그렇게 느끼고 있다면 그분이 정말로 구주시라고 가서 말하라. 그래서 세상이 당신의 삶을 보고 구주가 계시고 그분이 다스리심을 알게 하라.

'예수께서 위에서 다스리신다고 이방에 가서 전하라.' 오, 사랑하는 친구들이여, 그 구주가 예수, 인간이 되어 주신 예수 그리스도, 긍휼이 많으신 예수시라면 하나님께서 우리 중 몇 분에게 음성을 들려주시기를 기도한다. 나나 여러분이나 우리 중 아무도 주가 왕이시고, 다스리시는 분이시며, 그분의 이름이 예수이시고 우리 각자는 이 구세주가 필요하다는 사실을 의심하지 않기 때문에 이런 질문을 드리는 것이다. 우리가 순종하지 않기 때문에 가서 전하지 않은 것이다. '불어라, 바람아. 이 좋은 소식을 전해다오.'라고 찬송을 부르지 말기 바란다. 바람은 복음을 전하지 못한다. 여러분 중 몇 명이 가서 전해야 하는 것이다.

7일

전능하신 주가 다스린다.

THE LORD GOD OMNIPOTENT REIGNETH

또 내가 들으니 허다한 무리의 음성과도 같고
많은 물소리와도 같고 큰 우렛소리와도 같은 소리로 이르되,
할렐루야! 주 우리 하나님 곧 전능하신 이가 통치하시도다.

(요한계시록 19:6)

And I heard as it were the voice of a great multitude,
and as the voice of many waters,
and as the voice of mighty thunderings,
saying, Alleluia: for the Lord God omnipotent reigneth.

(Revelation 19:6)

우리는 세 가지 중요한 사실을 절대로 잊어서는 안 된다. 하나님이 계시다. 그분은 성경을 통해서 우리에게 말씀하셨다. 그분은 반드시 하신 말씀을 이루신다. 이 사실을 깨달은 선교사는 주변 상황에 관계없이 자기 발아래 견고한 반석을 가지고 있는 것을 안다. 우리에게는 모두 이러한 확신이 현재도 필요하고 언제나 필요하다. 하나님의 자녀가 '전능하신 주께서 다스린다'라는 영광스러운 진리를 그 가슴에 소유하고 있는 것은 작은 축복이 아니다.

그런데 만일 악한 세력이 우리 주위에서 역사하고 있을 때 승리하기 위해서 작지 않은 믿음이 필요하다면, 우리가 그러한 세력을 우리 안에서 발견할 때는 어떻게 할 것인가? 안에 도사리고 있는 배반자는 밖에 있는 원수 이상으로 위험할 수 있다. 차라리 하나님을 위해 그리스도인으로 죽는 것이 그리스도인으로서 사는 것보다 더 쉽겠다고 느꼈던 적이 누구에게나 한 번쯤은 다 있지 않은가? 우리는 자주 그리스도인의 기준을 낮추려는 유혹을 받지 않는가? 죄를 연약함, 실패, 허약 등 듣기 좋은 단어로 포장할 뿐 아니라 죄를 죄로 알아도 절망하며 거의 포기하는 경우가 많지 않은가?

치료책은 없는가? 실제로는 죄가 다스린다고 하거나 값을 주고 산 소유로서 구속 받기 전에 모든 죄를 그 뿌리와 가지까지 다 제거해야 한다는 비성경적인 생각을 용납해야 하는가? 아니다. 그럴 수 없다! 해결책이 있다. 해결책은 주 예수 그리스도이시다. 그리스도는 우리를 위한 유월절 어린 양이시다. 우리와 함께하시는 그리스도께서 우리에게 가라고 하신 것이다. 구름 기둥이 이스라엘 백성을 인도하셨듯이, 우리 안에 계신 그리스도께서 소유물을 취하실 수 있고 그것을 지키실 수 있으시다.

정말로 그러한 것이라면 해외에 있는 선교사나 본국에 있는 그들의 친구들이나 다 같이 그렇게 이해하고 있어야 한다. 우리는 그저 동역자가 아니다. 우리는 한 몸의 지체들이다. 만일 전능하신 그분이 정말로 우리 안에 계시다면 사역의 계획이 아무리 방대하다고 해도 두려워할 필요가 없다.

8일 유능하고 기쁜 마음으로 함께 할 사람들

WILLING SKILFUL MEN

성전 건축을 위하여 모든 공사에 유능한 기술자가
기쁜 마음으로 너와 함께 할 것이요
또 모든 지휘관과 백성이 온전히 네 명령 아래에 있으리라.
(역대상 28:21)

And they shall be with thee for all the service of the house of God:
and there shall be with thee for all manner of workmanship
every willing skilful man, for any manner of service:
also the princes and all the people will be wholly at thy commandment.
(1 Chronicles 28:21)

솔로몬이 성전 공사를 할 때 그에게 허락해 주셨던 일꾼들을 통해서 우리는 기독교 사역자들에게 대단히 격려가 되는 약속이 있음을 알게 된다. 진짜 왕이 보좌에 앉아 계시고, 진짜 성전이 지어지고 있으며, 그분을 위해서 유능하고도 기쁘게 섬길 일꾼들이 있고, 하나님 집의 모든 지휘관과 백성들이 그 명령 아래에 있는 것이다.

어떤 때는 기쁘게는 섬기는데 유능하지 않은 것 같은 일꾼들, 그리고 유능하기는 한데 기쁜 마음이 더 있었으면 하는 생각이 드는 일꾼들이 있는 것 같이 보인다. 어떻게 하면 하나님의 사역을 위해서 그 아름다운 조합—유능하고도 기쁜 마음으로 섬기는 사람들을 확보할 수 있을까? 그들은 우리의 왕이신 주인께 약속이 되어 있는 일꾼들이다. 그분께 그 사람들을 달라고 믿음과 기도로 주장해야 한다. 그리스도께서 제자들에게 추수의 주인께 당신의 추수 밭에 일꾼을 보내달라고 기도하라고 지시하신 대로 해야 하는 것이다.

    우리는 처음부터 이러한 방침을 채택했는데 하나님께서는 신실하시게도 매우 다양한 사역을 할 수 있도록 기쁜 마음으로 함께할 유능한 사람들을 보내주셨다. 대장간과 경작지에서, 판매대와 책상에서, 전문학교와 대학에서, 대저택과 사무실에서 각양 사역에 맞는 유능한 일꾼들이 기쁜 마음으로 오도록 해주셨다. 이제껏 그들은 한 사람 한 사람이 복을 주는 사람이었고, 또한 모두가 서로를 통해서 복을 받았다. 요나단이 자기의 병기를 드는 자에게 멋진 말을 하였다. '여호와의 구원은 사람이 많고 적음에 달리지 아니하였느니라.' 바울이 그리스도와 함께 십자가에 못 박혔기 때문에 하나님은 바울의 재능과 교양을 쓰실 수 있었다. 그런데 하나님은 오순절 날 그러하셨듯이 일반적으로 무학의 베드로와 같은 사람을 통해서 말씀하신다. 주님은 다윗과 같이 넓은 마음이 있을 때 다윗의 부를 사용하실 수 있다. 그런데 하나님의 가장 강한 능력의 역사는 '은과 금은 내게 없지만 내게 있는 것으로 네게 주노니 곧 나사렛 예수 그리스도의 이름으로 일어나 걸으라.'라고 외치는 사람을 통해서 주로 일어난다.

사역을 위한 힘 1
STRENGTH FOR SERVICE 1

9일

주님의 기쁨이 너희의 힘이니라.

(느헤미야 8:10)

The Joy of the Lord is your strength.

(Nehemiah 8:10)

기쁨은 참으로 매력이 있는 것이다. 기쁨에는 의사소통을 원활하게 하는 힘이 있다. 우리는 본능적으로 행복한 얼굴을 하고 밝고 명랑한 태도를 보이는 사람에게 끌린다. 특히 젊은이들에게 기쁜 얼굴과 명랑한 태도는 강력한 영향력을 발휘한다. 참된 지혜는 '그분 앞에서 언제나 기뻐하는 것이며' 하나님을 섬기는 일이 우울한 것이라는 악마의 거짓말을 무無로 만드는 것이다.

하나님께서는 죄로 물든 세상에도 어디에나 기쁨을 두시고 널리 퍼지도록 해두셨다. 그것은 얼마나 놀라운 사랑의 증거인지 모른다. 어린 동물은 모두 천성적으로 즐거워한다. 건장하고 활력이 있으면 수고조차 즐거움이 되어 버린다. 하나님께서 우리에게 주신 모든 기관의 움직임은 우리를 더욱 기쁘게 해주는 경향이 있다. 공중의 새나 들판의 꽃들, 사납게 소용돌이치는 대양, 견고히 서 있는 빛나는 언덕을 볼 때 우리는 즐겁다. 모든 사회적, 가정적 삶의 관계도 인간의 행복을 더해 준다. 창조의 하나님께서는 틀림없이 피조물이 즐겁기를 원하신다.

하나님의 자녀들이 즐거운 가족이 되는 것이 확실히 우리 아버지의 뜻이라는 것을 자연을 통해서 배울 뿐 아니라 구약과 신약에도 즐거워하며 살라는 격려의 말씀으로 가득 차 있고 심지어 그렇게 명령까지 하고 있다. 느헤미야서에 기록된 부흥의 장면에서 우리는 사람들이 자신이나 국가가 범한 죄가 하나님께서 요구하시는 것에서 얼마나 멀리 떠나 있는가를 깨닫고 매우 슬퍼하는 것을 볼 수 있다. 그런데 그때 백성들을 가르치는 자들은 이렇게 권면했다. '이 날은 여호와의 성일이니 슬퍼하거나 울지 말라. 가서 기름진 것을 먹고 단 것을 마시라. 그리고 아무것도 준비하지 못한 자를 위하여 조각을 나누어 주라. 슬퍼하지 말라. 여호와를 기뻐하는 것이 너희의 힘이니라.' 그래서 백성들은 자기의 길로 가면서 크게 기뻐하였다. 기쁨은 하나님께로부터 나오는 것이다.

10일 사역을 위한 힘 2

STRENGTH FOR SERVICE 2

주님의 기쁨이 너희의 힘이니라.

(느헤미야 8:10)

The Joy of the Lord is your strength.

(Nehemiah 8:10)

주님의 기쁨이란 무엇인가? 그러한 주님이 계시다는 사실이 기쁜가? 그분의 존재를 깨달으면 기뻐할 수밖에 없다. 아니면 그분이 바로 우리의 주님이시기 때문에 기쁜가? 왜냐하면 소유는 결과적으로 기쁨을 주기 때문이다. 아니면 그분 자신을 우리에게 주시고 우리 마음에 그분의 '성령'을 부어주셨기 때문에 갖는 기쁨인가? 또는 마지막으로 그 기쁨은 그분이 우리의 주님이시라는 사실 때문인가? 이 모든 것이 우리가 기쁜 이유이지만 여기에서 다루려고 하는 것은 특히 이 마지막에 관한 것이다.

요한복음 15장 11절은 가지가 열매 맺는 것을 주님이 기뻐하시는 것에 대해 언급하고 있다. 그분의 기쁨이 그들 안에 머물고 그 기쁨이 가득하도록 하는 것이 그분의 뜻이다. 여기에서 우리는 주님의 기쁨이 그 백성의 기쁨과 구별되는 것임을 본다.

히브리서 12장 2절을 보면 당신의 백성을 구속하시는 것이 주님의 기쁨이었다. 부끄러움을 개의치 않으시고 십자가를 지시는 기쁨이다. 그 기쁨은 자기희생을 할 수 있는 힘이었다.

스바냐 3:17에 나오는 주님의 기쁨은 값을 주고 사신 유업에 대한 것이다. 오, 이 기쁨은 얼마나 놀라운 것인지! '그가 너로 말미암아 기쁨을 이기지 못하시며 너를 잠잠히 사랑하시며 너로 말미암아 즐거이 부르며 기뻐하시리라.'

이것은 주님이 지니신 삼중 기쁨에 대한 자각이다. 우리를 구속하신 기쁨, 우리의 주ㅕ요, 열매 맺는 능력으로 우리 안에 거하시는 기쁨, 우리를 당신의 신부요 즐거움으로 소유하고 계신 기쁨을 우리 주님은 가지고 계시다. 이 기쁨을 자각하는 것이 우리의 참된 힘이다. 그분 안에 있는 우리의 기쁨은 요동할 수 있지만 우리를 기뻐하시는 주님의 기쁨은 변동이 없는 것이다.

우리는 날마다 순간마다 이러한 힘의 즐거움 속에서 살고 있는가? 이 기쁨을 무의식적으로 억제할 수 없어서 우리 주인을 언제나 자랑하고 있는가? 아무 말을 하지 않아도 주님이 선하신 것이 표정과 눈에 숨길 수 없이 나타나 증거가 되고 있는가? 집에서, 친척들 사이에서 우리의 삶이 이렇게 증거가 되고 있는가? 우리와 가장 가까웠던 사람들에게 바울처럼 '내가 너희와 함께 있을 때 언제나 어떻게 행한 것을 너희도 알거니와'라고 호소할 수 있는가?

11일 하나님을 아는 지식

THE KNOWLEDGE OF GOD

영생은 곧 유일하신 하나님을 아는 것이니이다.
(요한복음 17:3)

This is life eternal,
that they should know Thee the only true God.
(John 17:3)

하나님을 아는 지식과 그 지식을 실제로 이용하는 것 사이에는 우리가 가끔 깨닫고 있는 것보다 훨씬 더 가까운 연관성이 있다. 그분이 우리 안에 심으신 생명을 신실하게 살아낼 때, 그리고 깨닫게 하신 지식을 충성스럽게 사용할 때 우리는 그분을 실제적으로 알게 된다. 이 두 가지는 서로 떼어놓을 수 없다. 우리가 그분의 부활의 능력을 알기 원한다면 그분의 고난에 동참해서 그 죽음에 동화된 삶을 실제로 살아보아야 한다. 그분을 더 충만하고 완전하게 알기 위해서 우리는 하나님의 생명으로 살아야 하는 것이다. 우리는 오직 우리가 전달한 것을 통해서 그것을 알고 이해한다. 이 복음을 세상에 가지고 나가서 본국에서나 해외에서 그것을 나타내 보일 때 우리는 하나님을 깨닫고 그분을 더욱 알게 될 것이다. 우리가 그분을 닮아갈수록 그분을 이해하게 될 것이다.

31년 전, 중국으로 가려고 영국 해안을 떠날 때였다. 지금은 영광을 받으시고 성자의 대열에 들어가신 사랑하는 어머니가 나와 함께 리버풀 항구까지 내려 오셨다. 어머니는 내가 중국으로 가는 6개월 동안 나의 집이 될 선실에 들어와 보셨는데, 나는 그 때의 일을 결코 잊을 수가 없다. 어머니는 나를 축복하시고 나와 헤어져서 해안으로 나가셨다. 갑판에 서서 작별을 하는데 어머니는 선착장을 향하여 떠나는 배를 따라오고 계셨다. 바다로 향하는 문을 지나자 모습이 안보이기 시작했는데 내가 떠나는 것에 대해 어머니가 가슴으로 느끼시는 고통의 울부짖음을 잊을 수가 없었다. 그것은 마치도 칼이 내 심장을 찌르는 것 같았다. 나는 당시 '하나님이 세상을 이처럼 사랑하셨다'는 그 사랑의 강도를 그때처럼 뼈저리게 느낀 적이 없었다. 나의 소중한 어머니도 평생 세상을 향한 하나님의 사랑을 그때 이상으로 더 잘 배우셨던 적은 없었을 것이라고 나는 확신한다.

오, 친구들이여! 시련과 슬픔, 고난 속에서 하나님과 실제적으로 교제를 나누는 자리로 이끌려 갈 때, 편안한 일상의 안락함 속에서는 배울 수 없는 교훈을 배운다. 이러한 이유 때문에 하나님께서 그렇게 자주 우리에게 시련을 주시는 것이다.

12일

충족함
ALL-SUFFICIENCY

여호와 하나님은 해요 방패이시라.
여호와께서 은혜와 영화를 주시며 정직하게 행하는 자에게
좋은 것을 아끼지 아니하실 것임이니이다.

(시편 84:11)

For the LORD God is a sun and shield: the LORD will give grace and glory:
no good thing will he withhold from them that walk uprightly.

(Psalm 84:11)

주 하나님은 해요 방패이신데 우리가 생각할 수 있는 가장 충만한 의미에서 그러하다. 그분이 하시는 그 어떤 일로도 그 위대한 고안자考案者, 실행자實行者, 지지자支持者의 모습을 충분히 드러내지 못한다. 그리고 아무리 고상한 생각과 상상을 하여도 제한된 인간으로서는 무한하신 그분을 알 수가 없고 절대로 그 높이에까지 다다를 수 없다. 자연계의 태양은 그 굉장함과 크기와 영광을 다 가늠할 수 없고, 그 강한 광선을 있는 그대로 바라볼 수도 없다. 그런데도 그것은 하나님께서 만드신 수많은 태양 중 가장 작은 것일 수도 있는 것이다. 그 모든 것을 만드신 창조주는 얼마나 영광스러운 분이신가!

주 하나님은 태양이시다. 그분은 태양이나 태양 군群이 의미하는

실체이시다. 독자들이여, 그분이 당신의 태양이신가?

그리고 주 하나님은 방패이시다. 순간마다 위험이 우리를 에워싸고 있다. 우리의 안과 주변에 보이지 않는 위험이 있어서 언제라도 우리의 지상 경력을 끝내게 할 수 있다. 그런데 우리는 어떻게 그렇게 안전하게 살고 있는가? 왜냐하면 주 하나님이 방패이시기 때문이다. 세상과 육신과 악마는 매우 실제적이다. 그래서 누군가의 도움을 받지 않으면 우리는 그들에게서 지키거나 구할 힘이 없다. 주 하나님이 방패이시다. 그러니 중국에 가는 것은 별 큰 일이 아니고 그곳에서 다니는 일에 덤으로 따르는 위험도 크리 큰 것이 아니다. 왜냐하면 여기에서와 마찬가지로 거기에서도 주 하나님이 방패가 되어주시기 때문이다. 그분의 뜻을 알고 행하는 것—이것이 우리의 안식이고 우리에게 안전한 길이다. 그분의 약속들은 얼마나 좋은 것인지! 그분은 은혜와 영광을 주실 것이다. 그 은혜는 공로 없는 자에게 거저 주시는 것이고, 그 영광은 그분의 소유가 되어 그분을 섬기며 영혼에 갖게 되는 현재의 영광인 것이다. 그분은 의로운 길을 걷는 자에게 모든 좋은 것을 아끼지 않으신다. 아! 우리가 하나님의 길에 불만족스러워 했던 것은, 사실은 자신이 걷는 길이 불만족스러웠기 때문이었다.

그러나 하나님의 약속이 좋은 것 이상으로, 그 약속을 해주신 분은 더 위대하고 더 좋은 분이시다. 그래서 만일 우리가 모든 약속을 주장하고 우리의 입을 넓게 열었다면 그분은 우리가 구하는 것이나 생각하는 것에 훨씬 넘치는 일을 해주셨을 것이다. 그분은 그렇게 해주시기를 기뻐하신다.

13일 하나님께 속한 것의 확실성
THE CERTAINTY OF DIVINE THINGS

백 명의 선교사를 보낸 뒤에 썼던 글

From an article written after the sailing of the Hundred.

이제 백 명이 다 되었으니 돌아보며 기도를 응답해 주신 것에 감사하고 그들이 나간 일이 의미하는 바가 무엇인지를 몇 가지 생각해 보는 것이 좋겠다.

그들은 기쁘게 순종하여 나갔다. 주인께서 가라고 하셔서 기쁘게 간 것이다. 왜냐고 물을 필요가 없었다. 그분이 말씀하시면 그것으로 족한 것이다. 그 '백 명'에게는 가라는 말이나 머물라는 말이 그저 평범한 글자가 아니었다.

그들은 완전히 믿으며 갔다. 그분의 명령이 현명한 것인가 또는 인정어린 것인가 그들은 결코 질문하지 않았다. 그들에게는 그분이 지혜이다. 그분이 사랑이시다. 그분은 가라고 명하실 때, 가는 사람들이 누구에게 가는지 그리고 누구를 위해 사역할 것인지에 대해서 전부 알고 계셨다.

그들은 걱정하지 않고 갔다. 그들이 가는 걸음걸음을 그분께서 전부 알고 계시기 때문이었다. 그들은 혼자 간 것이 아니었다. 그분께서 항상 그들과 함께 계셨고 앞으로도 그러실 것이었다. 그분은 하늘과 땅의 모든 권세를 지니신 분이시다.

그들에게는 확실히 하려는 일이 있었다. 이것저것을 해보려고 간 것이 아니라 주가 주시는 힘으로 주가 하라시는 일을 하기 위해서 간 것이었다. 하나님이 명령하시면 행할 힘도 주시는 것을 알고 있었다.

하나님께 속한 것의 확실함, 그 절대적인 확실함을 더욱 자주 신뢰해야 할 필요가 있지 않은가? 중력의 법칙이 왜 확실한가? 하나님이 법으로 그렇게 정하셨기 때문이다. 마찬가지로 왜 성경 말씀이 확실한가? 왜냐하면 그것은 하나님의 말씀이기 때문이다. 그리스도의 이름으로 드린 기도가 왜 태양이 떠오르는 것처럼 확실히 응답을 받는가? 그 이유는 그 둘 다 하나님의 뜻이기 때문이다. 성경에 그렇게 약속이 되어 있다.

그 확실한 책에서 우리는 이방인의 비참한 위치를 명백히 보고 있다. 그래서 왜 그들 모두에게 복음을 전하라는 명령을 주셨는지를 잘 알 수 있다. 만일 우리가 알지 못했다고 하더라도 그 명령에 순종하는 것은 우리의 의무—아니, 우리의 특권일 것이다. 그러나 우리 주님은 우리를 친구로 대우하시고 그런 명령을 하는 이유를 가르쳐 주신다. 그 이유 중 하나는 이방인이 처해 있는 끔찍한 자리이다. 우리나 우리의 사랑하는 사람들이 그분을 본국에서 섬길지 해외에서 섬길지는 그분께서 결정할 일이 아닌가?

14일 영원한 하나님 나라
GOD'S EVERLASTING KINGDOM

> 그의 나라는 영원한 나라요 그의 통치는 대대에 이르리로다.
>
> (다니엘 4:3)
>
> His Kingdom is an everlasting Kingdom,
> and His dominion is from generation to generation.
>
> (Dan. 4:3)

우리는 설교할 때 보통 이방 군주의 말을 본문으로 쓰지는 않는다. 그런데 느부갓네살이 했던 이 고백은 매우 훌륭해서 우리의 생각에 큰 도움이 될 뿐 아니라 격려도 되는 것 같다. 주가 왕이신 진리를 충분히 바로 깨닫지 못할 때, 그것이 실패와 상실, 낙심과 게으름의 원인이 된다.

부분적으로는 바로 이 잘못 때문에 오래 전이나 오늘날이나 열방의 족속을 우리 주님께 돌아오게 하는 일에 실패했던 것이다. 그 해로움의 영향력이 곳곳에 미치기 때문에 그것을 방지하기 위해서는 그 원인부터 제거해야 한다.

우리는 '천국(하나님이 통치하시는 왕국-역주) 복음'이라는 표현을 잘 쓰지 않는다. 그 말을 하는 경우에도 거의 의미 없는 구절로 사용할 때가 많다. 그런데 그분의 통치가 가져다주는 축복과 기쁨이 하나님의 말씀 안에 얼마나 가득 차 있는지 모른다. 주 예수가 왕이시라는 이 위대한 진리를 소중히 여기고 묵상하며 그 진리 위에서 행동하자.

구약이나 신약에는 그에 대한 증거가 풍부하다. 주의 탄생 전에 천사가 알려주었다. '주 하나님께서 그 조상 다윗의 왕위를 저에게 주시리니 영원히 야곱의 집에 왕노릇 하실 것이며 그 나라가 무궁하리라.'

빌라도에게는 주님 자신이 증거하셨다. '내 나라는 이 세상에 속한 것이 아니다. 그러면 네가 왕이냐? 내가 바로 이를 위하여 태어났다.' 주님은 다스리기 위하여 태어나셨고, 일생 한결같이 그렇게 행동하셨다.

그분은 왕으로서 그 권세로 제자들에게 소유물과 직업을 버리고 따라오라고 부르셨고, 왕으로서 산상수훈을 통해서 왕국의 법도를 제시하셨다. 그리고 왕으로서 왕국의 복음을 전하라고 대사들을 파송하셨다. 그분은 왕의 위엄으로 희생의 죽음 앞에서 왕권을 증거하셨다. 십자가 위에 새긴 명패가 그렇다고 선언했다. 그리고 그분은 왕이요 구세주로 다시 살아나셨다. 주께서 다시 오실 때 그분을 바라보고 있는 종들을 만나실텐데 그들은 참으로 복된 사람들이다.

15일   금식과 기도
FASTING AND PRAYER

기도 외에 다른 것으로는
이런 종류가 나갈 수 없느니라.
(마가복음 9:29)

This kind can come out by nothing,
save by prayer and fasting.
(Mark 9:29)

    샨시에서 중국인 성도들은 개인적으로, 또 함께 자주 금식 기도를 하고 있었다. 그들은 사람들이 싫어하는 이 금식이 진정으로 하나님이 정하신 은혜의 방편인 것을 깨닫고 있었다. 금식은 사람을 약하고 초라하게 만들기 때문에 금식을 하는 일에는 하나님께 대한 믿음이 필요하다. 아마도 우리 사역에 제일 큰 장애는 우리에게 힘이 있다는 잘못된 생각일 것이다. 금식을 하면 우리가 얼마나 약하고 가련한 피조물인지를 배운다. 우리가 기대기 쉬운 그 적은 힘도 한 조각 고기를 먹어야 생기는 것이 인생인 것이다. 그런데 축복이 온다. 나는 이것을 안다. 우리 중국 내지 선교회에 심각한 어려움이 있을 때 금식의 날을 정하고 (매우 많은 날들을 그렇게 했다.) 기도하면 하나님께서는 언제나 개입해 주셨다. 그분은 우리 앞서 가셔서 굽은 길을 곧게 만들어 주셨다. 그분은 앞서 가셔서 거친 장소를 평평하게 해 주셨다.

하나님은 진실하시다. CIM의 역사가 그것을 증명한다고 생각한다. 그러니 만일 우리가 이 원칙에 맞추어 모든 일을 하고 모든 일을 받아들인다면 매일의 삶에서도 그렇게 살아야 하지 않겠는가? 모든 사람이 무거운 짐을 벗고 충분히 공급 받아 강하고 건강하며 행복하기를 바라시는 것이 하나님의 뜻이다. 시편 1편의 조건을 믿음으로 순종하라 그러면 모든 일에 형통할 것이다. 영적인 사역은 물론 가정 일이나 사업상의 모든 거래에서 순조로울 것이다. 당신의 백성이 왕의 자녀로서 사는 것이 주님의 뜻이다. 그러니 '아무 것도 염려하지 말고 모든 일에 기도와 간구로 감사함으로 하나님께 아뢰어' 그분의 완전한 평화 가운데 살지 않겠는가? 그분은 언제나 은혜로우시고 온유하시다. '우리는 미쁨이 없을지라도 주는 항상 미쁘시니 자기를 부인하실 수 없으시리라.'

16일 하나님의 대학

GOD'S UNIVERSITIES

귀히 쓰는 그릇이 되어
거룩하고 주인의 쓰심에 합당하며
모든 선한 일에 준비함이 되리라.
(디모데 후서 2:21)

A vessel unto honour, sanctified,
meet for the Master's use, prepared unto every good work.
(2 Timothy 2:21)

우리가 CIM에서 채택했던 또 다른 원칙도 우리를 실망시키지 않았다. 우리는 하나님이 주시는 사역자들을 받아들였는데 그들은 매우 다른 자격을 가지고 있는 사람들이었다. 건축가 없이 회관을 지으려고 한다면 매우 지혜롭지 못한 일일 것이다. 그렇지만 건축가가 필요하다고 해서 건축가만을 데리고 오겠다면 그것도 대단한 잘못일 것이다. 선교 사역에서 그것이 전부라면 귀중한 공부를 한 사람이 거의 없을 것이고, 능력이 있고 기꺼이 나갈 수 있는 사람들도 그 수가 부족할 것이다. 그렇지만 선교지에는 이것 외에도 다른 사람이 더 잘 할 수 있는 일들이 많이 있다. 하나님은 각 사람에게 자기에게 맞는 일을 주셨다. 벽돌공은 건축가보다 벽돌을 더 잘 쌓을 수 있고, 건축가는 감독하고 계획하는 일을 벽돌공보다 더 잘할 것이다. 유능하고 기쁘게 일할 수 있는 사람들이 사역의 모든 방면에 맞게 와야, 하나님의 일이 마땅한 방향으로 진행되어 갈 것이다. 어느 교회가 안수 받은 목사에게 주일학교에서 알파벳을 가르쳐야 한다고 주장하겠는가?

하나님은 우리 인간에게 최고의 능력을 주셨다. 그런데 우리에게는 다른 학교를 졸업한 사람들이 있다. 여기에서 배워야 하는 교훈이 없는가? 우리는 하나님이 주신 사람들이 다른 사회 집단에서 자랐다고 하여 배척하지 말아야 한다. 하나님께서 당신의 모든 자녀들에게 예외 없이 그 자신의 일을 하기 위하여 최고로 잘 맞는 교육을 받을 수 있는 환경을 주셨고 그 분야에서 향상할 수 있도록 해 주셨다는 것을 믿지 않는다면, 그런 사람은 완전히 믿음 없는 이교도라고 나는 생각한다. 시련과 박해의 학교가 있다. 경험적으로 볼 때 그 학교를 졸업하지 않은 사람은 교회에 좋은 협력자가 되지 못한다.

아, 친구들이여, 하나님께서는 친히 만드신 대학이 있으시고, 사람들을 훈련하시는 당신만의 방법이 있으시다.

17일 하나님의 보증

GOD'S GUARANTEES

너희는 먼저 그의 나라와 그의 의를 구하라.
그리하면 이 모든 것을 너희에게 더하시리라.

(마태복음 6:33)

Seek ye first His Kingdom and His righteousness;
and all these things shall be added unto you.

(Matthew 6:33)

우리는, 하나님의 말씀의 영감을 온전히 믿고, 작은 성경 하나만 들고도 그것을 유일한 보증으로 삼아 중국의 내지에 들어가려는 믿음이 있는 사람들이라면, 교파와 상관없이 함께 믿는 형제들의 협력을 받기로 결론지었다. 하나님께서는 '먼저 그의 나라와 그 의를 구하라. 그리하면 이 모든 것(음식과 의복)을 너희에게 더하시리라'고 하셨다. 누구든지 하나님이 진실을 말씀하셨다고 믿지 않으면 그 믿음을 전하려고 중국으로 가지 않는 것이 좋을 것이다. 만일 그것을 믿는다면 그 약속으로 충분하다.

다시 말하지만 하나님은 '그 행위를 바르게 하는 자에게 모든 좋은 것을 아끼지 않으실 것이다.' 바르게 살려고 하지 않는 사람은 집에 머물러 있는 것이 더 낫다. 만일 바르게 살려는 마음이 참되다면 필요한 것은 전부 보증기금이라는 형태로 들어올 것이다. 하나님은 세상의 모든 금과 은, 들판의 모든 소떼들을 소유하신 분이다. 우리는 채식주의자가 되지 않아도 된다.

잘못된 곳에 놓인 돈이나 바르지 않은 동기로 주어지는 돈은 모두 매우 두려워해야 한다. 아무리 적어도 그것이 주께서 주려고 선택하신 만큼이라면 우리는 살 수 있다.

그러나 거룩하지 않은 돈이나 잘못된 위치에 놓인 돈은 가질 수 없다. 그것보다는 전혀 돈이 없는 것이, 심지어 음식 사먹을 돈조차 없다고 해도 그것이 훨씬 낫다. 주께서는 중국에서도 까마귀를 보내어 빵과 고기를 보내주실 수 있기 때문이다. 주님은 언제나 신실하시다. 주께서는 우리의 믿음을, 아니 신실함을 시험해 보신다. 사람들이 '주님, 우리에게 믿음을 더하소서'라고 했을 때 주님께서 그렇게 기도하는 제자들을 꾸짖지 않으셨는가?

그분은 '큰 믿음이 아니라 크신 하나님을 믿는 믿음을 구하라. 너희 믿음이 이 겨자씨만큼만 있어도 충분히 이 산을 움직일 수 있을 것이다'라고 하셨다. 우리에게는 믿음이 필요하다. 크신 하나님을 믿는 믿음, 친히 하신 약속을 지키실 것으로 기대하는 믿음, 약속하신 대로 행하실 것이라는 믿음을 가져야 한다.

18일 영적 준비
SPIRITUAL PREPARATION

주께서 행하신 일을 주의 종들에게 나타내시며
주의 영광을 그들의 자손에게 나타내소서.
주 우리 하나님의 은총을 우리에게 내리게 하사
우리의 손이 행한 일을 우리에게 견고하게 하소서.
(시편 90:16,17)

Let thy work appear unto thy servants, and thy glory unto their children.
And let the beauty of the LORD our God be upon us:
and establish thou the work of our hands upon us.
(Psalm 90:16,17)

우리가 세상에서의 부르심이나 영적인 사역에서 성공하고 싶다는 욕구를 가지고 있는 것은 매우 자연스러운 일이어서 대부분 시편 90편의 마지막 구절과 같은 기도를 드린다. 이 간구는 순서만 바르게 지켜진다면 완전히 정당한 것이다. 그러나 그것이 처음이 아니라 마지막으로 드린 간구임에 주목할 필요가 있다. 만일 그것이 모세의 기도에서처럼 우리 마음의 마지막에 오는 간구라면 우리가 드려도 안전할 것이다. 모세의 역사는 매우 교훈적이다. 그가 처음 이스라엘을 구하려고 시도했을 때 어린 나이가 아니었다. 아니 인간의 견해로 보자면 자격을 갖추지 못했거나 훈련이 되어 있지 않은 사람이 아니었다. 그런데 부족한 것이 있었다. 바로 영적인 준비가 필요했던 것이다. 자신의 한계, 그 끝까지 오지 않아서 실패했던 것이다. 그는 '그럴 것이라고 가정하고' 앞으로 나갔다. 그 실패로 겸손해지고 교훈을 받아서 다시는 이스라엘을 구원하려고 시도하지 않았다. 하나님께서 친히 그를 압박하실 때까지…

악과 슬픔에서 구원하는 정도에서 그친다면, 하나님의 위대하신 목적에 대한 관심이나 지식이 결여되어 개인이나 만족하는 그런 삶이 될 수 있다. 그래서 그는 기도한다. '주께서 행하신 일을 …… 나타내시며, 주의 영광을 …… 나타내소서!'

그 기도는 모세의 때와 마찬가지로 오늘날 우리에게도 적절한 기도이다. 모세는 또 기도했다. '주 우리 하나님의 은총을 우리에게 내리게 하소서.' 그냥 나타내 달라고만 하지 않고 우리에게 반영되어 우리에게 머물게 해달라는 것이었다. 그래서 모세가 산에서 내려왔을 때 주의 아름다우신 빛이 그에게 머물러 있었다. 즉, 그는 하나님의 백성들이 모두 그분의 아름다우신 성품을 반영하게 해달라고 기도드린 것이었다.

우리 손으로 하는 일을 견고하게 해달라는 것보다 주 우리 하나님의 아름다우심에 더 관심을 가져야 하지 않겠는가? 이것이 제일의 목적이 되도록 하자. 그러고 나서 '우리의 손이 행한 일을 우리에게 견고하게 하소서. 우리에게 견고케 하소서'라고 바른 순서로 기도하도록 하자.

19일   만민에게
TO EVERY CREATURE

너희는 온 천하에 다니며 만민에게 복음을 전파하라.

(마가복음 16:15)

Go ye into all the world,

and preach the gospel to every creature.

(Mark 16:15)

  이 명령을 하신 주 예수 그리스도를 우리는 어떻게 대우하고 있는가? 그저 영원한 죄의 형벌을 해결해 주신 주님으로는 기꺼이 받아들이지만, 그분이 값 주고 산 존재라는 인식도 없고 절대적으로 순종할 준비도 되어 있지 않기 때문에 그분께 붙인 주님이라는 칭호는 떼려고 하고 있는가? 자기가 자기 주인이 되어 그분께 마땅히 드려야 할 것이 있는 것은 인정하지만 단지 지나치게 요구하지 않는 조건 하에서만 그렇게 하겠다는 것인가?

  진정한 그리스도인이라면 이러한 주장에 주저하지 않고 진심으로 아니라고 할 것이다. 그러나 세대마다 얼마나 많은 사람들이 그러한 입장이 바른 것처럼 그렇게 살아왔는가? 주님의 백성들 중에 그리스도께서 모든 것의 주인이 아니시면 전혀 주님이 아니시라는 진리를 인식하고 있는 사람이 얼마나 적은가! '왜 나에게 주여 주여 하면서 내가 하라는 일을 행하지 않는가?' 젊고 건강한 사람은 모두 주님의 인정을 받고 그분의 길을 따르기 위하여 타락한 세상을 구원하고자 하는 거룩한 야망을 갖지 않겠는가? 그리고 믿는 부모들은 자녀들이 그러한 열정을 갖도록 권장하지 않겠는가?

아직도 다윗의 열쇠를 쥐고 문을 여시는 분이 그러한 일꾼들과 '언제나' 함께 해 주시겠다고 하신 약속을 잊지 말아야 할 것이다. 그리고 그러한 노력은 전 세계의 교회에 성령이 부어지지 않으면 가능한 일이 아닐 것이다. 수만의 중국 그리스도인들이 자기 민족을 복음화할 강력한 능력을 갖게 하기 위해서도 마찬가지이다. 만민에게 복음을 전하는 것은 인간의 계획이 아니라 하나님의 명령임을 잊지 말자.

20일

크게 기뻐하는 믿음
EXULTING FAITH

내가 주 여호와의 능하신 행적을 가지고 오겠사오며.
(시편 71:16)

I will go in the strength of the Lord.
(Psalm 71:16)

세상은 맹렬한 속도로 나아가고 있는 듯 하고, 오랫동안 문이 닫혔던 이방 왕국들은 놀랍게도 선교사들에게 문을 열어 주었다. 그러나 아직도 사탄이 그곳을 다스리고 있고 이 세상의 신은 왕좌에서 내려오지 않았다. 과학의 지식이 늘고, 파괴하는 무기들은 더 무섭게 강력해졌으며, 수백만의 무장 군인들을 보면 사람이 사람을 두려워하지 않고 더 이상 사랑하지 않는다는 사실이 너무도 명백해졌다.

누가 몇 년 내에 일어날 수도 있는 사건과 변화를 미리 보면서 우리 주님의 재림을 늦추도록 하겠는가? 정치를 보거나 종교를 보거나 참으로 우리는 위험한 시대에 살고 있다. 지금처럼 하나님과 동행하고, 지존자의 은밀한 곳에 거하며, 일어나서 행동하는 것이 더 중요한 때는 역사상 없었다. 이 중요한 시대에 다시 한 번 하나님께 자신을 산

제물로 드리는 우리의 특권을 새롭게 받아들이지 않겠는가?

그분이 우리의 주님이고 우리 자신이 그분의 소유임을 진정으로 인식하는 정도에 따라서, 우리의 믿음을 그분께 두는 것이 쉬워질 것이다. 우리는 모두 우리가 산 것들에 대해서 책임을 지지 않는가? 만일 목자가 양떼를 샀다면 잘 돌보고 필요한 것을 제공해 주지 않겠는가? 치른 값이 비쌀수록 더 신경 써서 돌볼 것이다. 우리를 그렇게 특별하고 비할 데 없는 사랑으로 사랑해 주신 그분께 우리의 믿음을 두어도 좋지 않겠는가? 그분 안에 우리의 믿음을 새롭게 두고, 주 하나님의 능력으로 더욱 전진해 가자.

믿음의 안식은 무관심이나 무위無爲의 안식이 아니다. 하나님께서 사역을 확장시키실수록 원수는 더욱 열심을 내어 끊임없이 방해하고 훼손하려고 시도할 것이다. 주께서 신속하게 온 나라를 활짝 여셔서 선교사들이 과감하게 사역을 할 수 있도록 기도하라. 가정마다 방문하여 복음을 전하려고 작정한 대부대의 전도자를 빨리 내보내주시도록 기도하라. 크게 기뻐하는 믿음은 주의 능력으로 노래하며 나갈 것이다. '하나님이 우리를 위하시면 누가 우리를 대적하리요?'

21일 나라가 임하시오며

THY KINGDOM COME

하늘에 계신 우리 아버지여,
이름이 거룩히 여김을 받으시오며, 나라가 임하시오며.
(마태복음 6:9)

Our Father which are in heaven, Hallowed be Thy Name.
Thy Kingdom come!
(Matthew 6:9)

우리 주께서는 '하늘에 계신 우리 아버지여, 이름이 거룩히 여김을 받으시오며, 나라가 임하시오며'라고 우리가 가장 소원해야할 간구를 가르쳐 주셨다. 또한 우리는 그분의 소원이 '모든 사람이 구원에 이르고 진리를 아는 데 이르는 것'이고 '온 천하에 나가 만민에게 복음을 전파하는 것'임도 알았다. 그분이 가장 원하시는 것이 세상에서 이루어져야 한다고 믿음으로 주장하지 않겠는가? '당신의 백성이 주의 능력의 날에 나올 것입니다', '모든 권세를 내게 주셨으니—'

주께서 복음을 위해서 나라를 열고 계시지 않는가? 모든 사람이 당신의 사랑을 들을 수 있도록 하는 바로 그 목적을 위하여 여행하기 쉽게 해주지 않으셨는가? '추수할 것은 많고 일군은 적으니 추수하는 주인에게 기도하여 추수할 일군을 보내어주소서 하라'

우리는 이전 믿음의 날들에 그렇게 능하신 기적을 행하신 것을 보았고, 또 우리는 '모든 땅 끝이 향해서 온 바로 그분'을 소유하고 있다. 하나님이 우리를 위해서 더 나은 것을 주셨고 그들은 우리가 아니면 온전해 질 수 없으니 우리가 위대한 것을 구해야 하지 않겠는가? 복음이 '만민에게' 신속히 전해지도록 하는 일보다 더 중요하지 않은 일을 구할 수 있겠는가? 그 이하의 일로는 우리 주님을 만족시켜드리지 못할 것이다. 믿고 드리는 기도는 전심으로 행동하도록 이끌며, 그러할 때 우리 주님은 이렇게 격려하신다. '만일 너희 중 둘이 땅에서 합심하여 무엇이든 구하면 하늘에 계신 아버지께서 그들을 위하여 이루어 주시리라.'

이 세대에 복음이 '만민에게' 전파되기 위하여 하나님의 백성 중 얼마나 많은 사람들이 함께 힘을 합하여 새롭게 믿음으로 주장하면서 그 일을 위하여 수고하겠는가? 우리는 믿음으로 '주 안에서 기뻐하고 이스라엘의 거룩한 자에게 영광을 돌리게 될 것'이며, 우리에게나 세상 앞에서 '주님을 위해서는 어려운 일이 아무 것도 없으며', '믿는 자에게는 능치 못할 일이 없음'을 증명할 것이다.

22일 위험한 시기에

IN TIME OF DANGER

아버지께서 나를 보내신 것처럼 나도 너희를 보내노라.
(요한복음 20:21)

As my Father hath sent Me, even so send I you.
(John 20:21)

현 시대(적의의 시대)는 우리 선교사들이 좋을 때나 위험할 때 취해야 할 방침을 고려하기에 적절한 시기로 보인다.

우선 첫 번째로 위에 있는 권위자들에 관하여 나쁘게 말하지 말고 대신에 그들을 위해서 기도하라는 명령이 중요한 것을 여러분이 상기하기 바란다. 그러한 기도는 개인적으로 뿐 아니라 공적으로도 할 필요가 있다. 기독교는 권위자에게 충성하는 것을 권장하는데 많은 부분이 관리들에 의해 좌우될 수 있기 때문이다.

둘째, 우리는 여기에 서양 세력의 대표로서 온 것도 아니고 그들과 소통하는 것이 우리의 의무도 아닌 것임을 인식해야겠다. 우리는 주 예수 그리스도의 증인이요 대사로서 이곳에 왔다. 제자들이 한 번은 주님의 복수를 한다고 하늘로부터 불이 내리도록 할까요? 하고 잘못 생각한 적이 있었다. 그러나 주님은 꾸짖으셨다. 또 제자 한 사람은 주님을 방어한다고 검을 빼들었다. 그러나 우리 주께서는 '검을 집어넣어라. 검으로 다스리는 자는 검으로 망한다'고 말씀하셨다.

셋째, 우리의 선교 기지를 떠나야 하는가? 여러 가지로 그렇게 하지 말아야 할 이유가 있다. (a) 우리는 하나님의 명령 때문에 그분의 대사로서 여기에 있는 것이며 하나님께서 보호하신다는 약속을 주장할 수 있는 사람들이다. (b) 우리는 회심한 사람들에게 그리스도를 위하여 용감하게 박해와 손해를 감수하라고 계속해서 격려하고 있다. 그러한 시기에 우리가 떠난다면 수년 동안의 가르침이 그들에게 감동이 되지 못할 것이다. 위험한 시기는 실물 교육에 더할 나위 없이 좋은 기회이다. (c) 이방인에게 대한 도덕적인 영향도 개종자에게와 마찬가지일 것이다. 우리는 있을지 없을지 모르는 박해가 두려워서 도망가라는 명령을 들은 적이 없다. 만일 주께서 우리가 쫓겨나는 고통을 당하게 하신다면 그때는 책임이 주님께 있는 것이다. 그럴 때는 있는 그대로의 얼굴 표정이 우리 주님을 증거할 것이다. 하나님 안에 있는 거룩한 기쁨은 연발 권총보다 훨씬 더 나은 보호막이다. 그러나 그것이 언제나 구원이 되지 않을 수도 있다. 보호보다 더 나은 것도 있다. 그것은 순교자의 면류관인데 그렇게 예비되어 있는 사람은 매우 드물다.

23일 사랑받는 그의 소유
POSSESSED AND BELOVED

내가 속한 바 곧 내가 섬기는 하나님.

(사도행전 27:23)

Whose I am, and Whom I serve.

(Acts 27:23)

여호와의 사랑을 입은 자는 그 곁에 안전히 살리로다.

(신명기 33:12)

The beloved of the Lord shall dwell in safety by Him.

(Deuteronomy 33:12)

'사랑받는 그분의 소유'라는 생각은 우리에게 매우 소중하다. 바울 사도는 자기가 탔던 배가 파선 당하려던 순간에 자신이 하나님의 소유이며 하나님을 섬기는 종이라는 진리를 마음으로 의지하고 있었다. 그 훨씬 이전에도 '주의 사랑하는 자는 여호와 곁에 안연히 거하리로다'고 그의 조상에게 주신 확신 덕분에 많은 이스라엘 백성들은 안식과 자신감을 가질 수 있었다. 우리도 그와 같은 복된 사실 안에서 모두 안식하지 않겠는가? 그분의 것으로 창조하셨고 그분의 것으로 구속하셨기 때문에 우리는 계속 반복해서 그분께 기쁨으로 자신을 드리고 헌신할 수 있다. 우리는 자신의 소유를 소중히 여기고 돌본다. 또한 사랑하는 사람들을 귀히 여기고 보호한다. 그러니 우리보다 훨씬 더 사랑이 많으시고 무한한 자원을 가지고 계신 분께서 얼마나 더 우리를 소중히 보호해 주시겠는가?

우리는 과거의 자비하심을 돌이켜보면서 '금식하면서 이것을 달라고 하나님께 구했다. 그러자 그분께서 우리의 간구를 들으셨다'라고 말할 수 있다. 그런데 오늘날 우리에게는 이전보다 필요한 것이 훨씬 더 많다. 그래서 우리 친구들이 우리에게 인도와 도움을 허락해 주십사고 하나님께 열심히 기도해 주기를 간절히 바란다. 사역은 그분의 것이고 사역자도 그분의 것이며 그분은 얼마든지 필요한 것을 공급해 주시겠다고 약속해 주셨다. 그래도 그것을 위해서 그분께 구해야 한다. 믿음의 기도는 하늘의 창문을 열어준다.

하나님의 사랑이 우리를 여기까지 인도해 주셨고 축복해 주셨다. 그것은 변함이 없다. 하나님이 변함없으시기 때문에. 장래에 어떤 일이 있을지는 모르지만 우리는 어제나 오늘이나 영원토록 동일하신 그분을 알고 있다. 우리는 새롭게 그분께 우리의 손을 내밀며 '저를 인도해 주세요'라고 말한다. 주께서 곧 오실지 모른다. 아니 만일 지체하시면 우리가 의지하던 사람들이 하나하나 불려가서 우리 곁을 떠날 수 있다. 그렇지만 '주님은 남아 계신다' 절대로 흔들리지 않는 '유일하고도 위대하신 반석으로 우리 곁에 계신다. '주가 나의 도움이시니 당신의 날개 그늘 아래에서 기뻐할 것입니다.'

24일 기록된 말씀
THE WRITTEN WORD

네가 내 안에 거하고 내 말이 네 안에 거하면
무엇이든지 원하는 대로 구하라, 그리하면 이루리라.
(요한복음 15:7)

If ye abide in Me, and My words abide in you,
ye shall ask what ye will, and it shall be done unto you.
(John 15:7)

우리 구주께서 '네가 내 안에 거하고, 내가 네 안에 거하면' 이라고 하지 않으시고 '네가 만일 내 안에 거하고 내 말이 네 안에 거하면'이라고 하신 것에 주목할 필요가 있다. 4절에서 '내'라는 말 대신에 '내 말'이라고 하신 것은 기록된 말씀과 성육신 사이에 가까운 연관성이 있음을 보여준다. 그리스도는 우리에게 기록된 말씀으로 오신다. 성령께서 영혼에 심어주시는 말씀으로 오신다. 기록된 말씀을 먹는 것은 살아계신 그리스도를 양식으로 취하는 것이다.

우리는 거룩해지기 위해서 시간을 들여야 한다. 성경을 얼마만큼 많이 읽느냐에 대한 이야기가 아니다. 그 안에서 주제를 발견하여 묵상하는 만큼 그 안에서 자양분을 얻을 수 있다. 그러면서도 너무 제한적으로 읽어서도 안 된다. 유월절 양을 전부 먹어야 했던 것처럼 하나님의 말씀도 전체적으로 보는 것이 필요하고 유익하다. 그래야 하나님의 사람이 온전해지고 모든 선한 일을 행할 수 있게 된다. 하나님의 말씀을 전체적으로 읽지 않는 사람이 있다면 반드시 통독을 하도록 강력히 권한다. 할 수만 있으면 일 년에 일독을 권한다. 깊이 생각하며 기도하며 읽을 수 없을 때 매일 조금의 분량이라도 읽되 그러면서도 성경 전체를 전부 읽어가도록 하는 것이 좋겠다.

오늘 말씀은 하나님의 말씀에 대한 충분한 지식과 성공적인 기도 사이에 중요한 상관관계가 있음을 보여준다. 기도는 계시된 하나님의 뜻과 일치될 때 응답이 된다. 명백히 계시된 하나님의 목적과 대치되는 것을 모르는 채 열심히 기도하는 신자들이 있다. 다시 말하지만 하나님의 말씀에 대한 온전한 지식이 있을 때, 때에 맞는 약속을 기억하고 자신 있게 믿음으로 기도할 수 있다. 그리스도 안에 거하고 그분의 말씀을 양식으로 섭취할 때 그리스도를 닮은 삶을 살게 되고 하나님 앞에서 우리 마음을 확실하게 해 준다.

25일

신실하신 하나님
HE ABIDETH FAITHFUL

네가 늘 섬기던 너의 하나님이 능하시더냐?
(다니엘 6:20)

Is thy God, whom thou servest continually, able?
(Daniel 6:20)

어느 시대를 막론하고 믿음이 없는 사람들은 슬픈 목소리로 다리우스 왕이 했던 이 질문을 하는데, 하나님의 증인들은 언제나 승리의 대답을 하는 특권을 누렸다.

중국 내지 선교회의 존재 자체가 하나님의 신실하심으로 주신 기도의 응답이었고 그것은 말보다 더 강력한 살아있는 증거였다. 선교회는 기도로 태어났고 기도로 자라났으며 지금도 오직 믿음의 기도의 응답으로 한 달 한 달 유지되고 있다.

선교회가 형성될 당시 사역자들을 얻을 때도 추수의 주인께 기도하여 일군을 보내달라고 하는 것이 하나님의 계획으로 보였다. 우리가 그렇게 필요한 일군을 위해 기도했을 때, 하나님께서는 영국, 스코틀랜드, 아일랜드, 웨일즈 뿐 아니라 노르웨이, 스웨덴, 핀란드, 그리고 덴마크와 독일, 스위스 이탈리아, 또 미국, 캐나다, 호주로부터 사역자들을 보내주셨다.

기금에 관하여. 우리는 주의 일을 하러 가면서 '먼저 하나님의 나라와 그 의를 구하면 이 모든 것을 너희에게 더해 주신다'는 하나님의 말씀이 보증이 되어 주시는 것을 오래 전에 깨달았다. 오늘날도 이 약속을 의지하고 있는데 실망하지 않는다. 기부자의 이름을 발표하지 않고 모금도 하지 않으며 기금을 모아 놓지 않는다. 결코 빚을 지지 않는다. 현재 우리가 걷는 길은 처음에도 그러했듯이 마치도 물 위를 걷는 것과도 같다. 그러니 우리에게 하나님을 크게 찬양할 이유가 있지 않은가?

그리고 전도의 문도 차차로 열렸다. 그분이 열면 아무도 닫을 수 없는 바로 그분이 다윗의 열쇠를 쥐고 계시면서 중국 전역에 우리가 들어갈 수 있도록 문을 열어 주셨다.

이제 가장 중요하게 할 이야기가 남아 있다. 앞서 언급한 모든 기도의 응답은 **영혼의 구원과 하나님 나라의 진전**이라는 위대한 목적을 위한 수단이다. 한 사람의 영혼이 말할 수 없이 소중한데, 수많은 사람들이 주님을 위해서 증거하고 있고 그분을 위해서 고난을 당하고 있는 것을 보면서 우리는 하나님께 얼마나 많이 감사하고 찬양해야 하겠는가?

26일 반석과 같은 기초
ROCK FOUNDATIONS

그러므로 누구든지 나의 이 말을 듣고 행하는 자는
그 집을 반석 위에 지은 지혜로운 사람 같으리니.
(마태복음 7:24)

*Everyone therefore which heareth these words of Mine,
and doeth them, shall be likened to a wise man,
which built his house upon the rock.*
(Matt. 7:24)

주께서 CIM을 세우셨을 때 그 기초로 주셨던 소중한 진리를 감사함으로 회고해 보면 좋겠다. 그것은 든든한 반석과 같은 기초였다.

첫째, 하나님이신 아버지, 아들, 성령은 현존하는 분이시고, 이 복된 삼위 일체 하나님은 당신을 구하는 자에게 상주시는 분이시다.

둘째, 하나님은 줄곧 말씀해 오셨다. 성경 말씀 전체는 살아계신 하나님의 말씀이다.

셋째, 십자가에 못 박히고 부활하신 예수 그리스도 외에는 구원을 주신 다른 이름이 없다.

넷째, 부활하신 우리의 주께서는 세상 만민에게 복음을 전하라고 하셨다.

다섯째, 하늘과 땅의 모든 권세, 모든 육체를 다스리시는 능력이 그분께 주어졌고 우리는 그분의 능력과 자원을 아버지께서 사랑으로 주실 것을 믿고 나가야 한다.

여섯째, 교회의 희망과 세상의 희망은 우리 주의 재림이다. 우리는 복음을 선포함으로 그분의 오심을 재촉할 수 있다.

일곱째, 그리스도로 옷 입은 사람은 모두 예수 그리스도 안에서 하나이다. 모두 똑같이 그분께 순종하도록 되어 있고 모두 똑같이 그분의 약속의 유업을 이을 자들이다.

이에 따라 행동하며 우리는 주의 명령에 순종하여 하나님의 백성들이 협력하도록 초대하였다. 처음 파송되었던 래머뮤어호 일행은 교파나 국가를 초월한 무리였고 현재는 벨기에와 네덜란드를 제외한 유럽의 모든 나라와 미국, 대양주의 나라들도 우리와 함께 하고 있다. 이것은 주가 하고 계신 일이 아닌가? 그렇기 때문에 대단히 의미가 있는 일이 아닌가? 우리에게 여호수아의 고백처럼 '주 너희 하나님께서 말씀하셨던 모든 좋은 일이 하나도 이루어지지 않은 것이 없었던 것'이다.

27일

온 천하에
ALL THE WORLD

너희는 온 천하에 다니며 만민에게 복음을 전파하라.
(마가복음 16:15)

Go ye into all the world,
and preach the Gospel to every creature.
(Mark 16:15)

이것이 얼마나 심각하고 힘든 과업인지를 여러분이 생각하게 되기를 바란다. 쿠청에서 생명을 잃은 사랑하는 헤씨 뉴컴의 글을 여러 번 읽고 있었다. 헤씨는 죽기 일 년 전에 우리 선교관에 있었고 내가 주 안에서 매우 사랑했던 자매이다.

'우리는 중국에서 무엇을 만나게 됩니까?'라는 질문에 헤씨는 짧게 두 단어로 대답했다. '하나님과 악마요.' 영혼의 큰 원수인 사탄과 대면하는 일이 얼마나 엄숙한 것인지에 대해서 말한 것이다. 마치도 언제나 하나님께서 제어해 주시지 않으면 언제 폭발할지 모르는 화산 위에 앉아 있는 것 같은 것임을 알고 있었던 것이다. 얼마나 예언적인 말이었는지! 하나님께서 손을 놓으셨고 헤씨와 동료들은 영광스러운 순교의 면류관을 쓰게 되었다.

　이런 일은 하나님이 제어하는 손을 거두시면 중국 어디에서나, 어느 이방나라에서나 일어날 수 있는 일이다. 인도에도 매우 위험한 요인이 있다. 하나님께 그 일이 터지지 않도록 막아달라고 기도를 많이 해야 할 것으로 보인다. 아프리카도 위험한 시기이다. 그곳에서도 하나님께서 위험을 막아주시고 하나님의 백성을 보호해 주시도록 기도해야 할 것이다. 중국 어느 지역이나 매우 위험하기 때문에 우리가 모르는 사이에 주님의 종이 위험에 빠져 있을 수 있다. 그렇기 때문에 우리 모두는 기도의 지원을 아끼지 말아야 할 것이다. 그러면 은혜의 보좌에서부터 도움을 받을 수 있을 것이다.

　복음에 대적하는 사람들이 이방 땅에만 있는 것이 아니다. 오, 본국에도 그런 사람이 얼마나 많은지! 하나님께서는 놀랍게도 사람들을 땅 끝으로 데리고 가셔서, 본국에서는 아무 흥미를 느끼지 못하던 것을 그곳에서 그 복음을 듣고 구원을 받게 하는 경우가 많이 있다. 이방 땅에 있는 모든 선교사들에게 힘을 주셔서 그곳에서 사는 동안 우리 동족을 만날 때 그들에게도 하나님의 축복을 전할 수 있도록 기도하자.

28일 위대하신 우리의 재무담당
OUR GREAT TREASURER

하나님이 능히 모든 은혜를 너희에게 넘치게 하시나니
이는 너희로 모든 일에 항상 모든 것이 넉넉하여
모든 착한 일을 넘치게 하게 하려 하심이라.
(고린도 후서 9:8)

And God is able to make all grace abound toward you;
that ye, always having all sufficiency in all things,
may abound to every good work:
(2 Corinthians 9:8)

우리는 매우 심각한 문제에 봉착해 있다. 중일 전쟁(1894) 이후 완전히 새로운 상황이 되었다. 중국의 세금이 크게 증가되어 상대적으로 은의 가치와 제반 비용이 많이 달라졌다. 이 때문에 난처하게 된 경우가 있었다. 수중에 돈이 있어서 일을 시작했는데 일이 완성되기 전에 기금의 가치가 달라진 것이었다.

여러분에게 다시 말할 필요도 없지만 어떤 경우에라도—경외심을 가지고 이렇게 말해도 되겠는가?—우리에게는 주님께서 친히 재무

담당이 되어 주신다. 그분은 과거와 마찬가지로 장래에도 결코 우리를 버리지 않으실 것이다. 중국에서의 생활비가 상당히 많아졌고 감당해야 할 식구들도 늘었다. 위대하신 우리 하나님의 자원은 줄어들지 않았고 그분의 말씀도 언제나와 마찬가지로 진리이기 때문에 우리는 완전한 확신 가운데 안심한다. 우리가 할 일은 '먼저 그의 나라와 그의 의를 구하는 것'이다. 그리하면 이 모든 것을 우리에게 더하실 것이다.

하나님께서 신실하신 증거를 보여주신 예를 들어보라고 하면 시간이 모자랄 것이다. 그래서 여러분도 나와 함께 신실하신 하나님을 믿으라고 격려하고 싶다. 두려워하지 말고 추수의 주인께 일꾼을 더 보내 달라고 계속 기도하기를 바란다. 나는 3백만이나 되는 이스라엘 백성을 다음 날 아침에 먹을 부스러기 하나 찬장에 채워 놓지 않고 잠자리에 들게 하셨던 하나님을 생각한다. 그래도 그들은 다음 날 아침이 되면 언제나 아침 먹을 것을 모을 수 있었다. 나는 그 사건을 좋아한다.

오! 이것이 하나님의 일임이 느껴지기 때문에 나는 매우 기쁘다. 사랑하는 친구들이여! 여러분은 그렇지 않은가? 우리에게 위대하시고 영광스러우신 하나님이 계셔서 매우 기쁘다. 그분께 우리는 필요한 것을 아뢸 수 있다. 하나님은 당신의 백성에게 필요한 것을 채워주시기를 좋아하시며, 사람의 아들들 앞에서 당신을 의뢰하는 사람들을 위해서 강하게 역사해 주신다.

29일 믿음이란 무엇인가?

WHAT IS FAITH?

> 하나님을 믿으라.
> (마가복음 11:22)
>
> Have faith in God.
>
> (Mark 11:22)

하나님의 자녀 중에 이 믿음이라는 문제에 대해서 어려움을 느끼지 않는 경우는 거의 없는 것 같다. 그리고 우리 중에도 다른 사람에게 믿음을 이야기할 때, 마치 그 안에 무슨 신비한 것이라도 있는 듯 필요 이상 어려워할 때가 많이 있다.

믿음이란 무엇인가? 우리가 믿는 대상의 신용이나 신뢰성을 그저 단순히 인정하는 것이 아닌가? 왜 정부 채권을 자신 있게 사는가? 그것은 우리에게 정부에 대한 믿음이 있어서이다. 사람들은 정부의 유가증권을 망설임 없이 믿고 산다. 정부가 그것을 보증해 줄 것이라고 믿기 때문이다. 중국에서는 거래를 할 때, 순은인지 검사해 보고 그 은의 무게를 달아서 협상을 하지만, 우리는 거래에 화폐를 사용한다. 그것을 정부가 발행했기 때문에 아무 어려움 없이 믿고 사용하는 것이다.

우리는 철도 안내서를 보고 여행 계획을 짠다. 몇 달씩 걸리는 뉴질랜드나 미국 여행을 할 때에도 그렇게 한다. 이런 공공기관에서 내는 책자를 신뢰하기 때문이다. 그렇게 하면 대체적으로 실수하지 않는다.

철도 안내서를 사용하듯이 우리는 성경을 사용해야 한다. 사람이 하는 말을 믿고 그 말대로 하듯이, 하나님의 말씀을 믿고 의지해야 한다. 단, 사람은 자기 약속을 지키지 못할 때가 있어도 하나님은 반드시 말씀하신 것을 언제나 이루시는 분이심을 기억해야 할 것이다. 우리가 서로 믿고 살듯이 하나님께도 같은 신뢰심을 가지고 대해 드려야 한다. 서로 믿지 못하면 세상의 거래가 이루어지지 않듯이 하나님을 신뢰하는 것도 마찬가지로 꼭 필요한 것이다.

믿음에는 두 가지 측면이 있다. 하나님을 향한 측면과 사람을 향한 측면이다. 우리가 하나님의 신실하심을 충분히 인식할 때 그분이 당신의 말씀을 이루실 것이라는 조용한 자신감과 믿음 안에 안식할 수 있을 것이다.

30일 중국의 영적 필요
CHINA'S SPIRITUAL NEED AND CLAIMS

너는 사망으로 끌려가는 자를 건져 주며
살륙을 당하게 된 자를 구원하지 아니하려고 하지 말라.
네가 말하기를 나는 그것을 알지 못하였노라 할지라도
마음을 저울질 하시는 이가 어찌 통찰하지 못 하시겠으며
네 영혼을 지키시는 이가 어찌 알지 못하시겠느냐
그가 각 사람의 행위대로 보응하시리라.
(잠언 24:11~12)

If thou forbear to deliver them that are drawn unto death,
and those that are ready to be slain; If thou sayest, Behold, we knew it not;
doth not he that pondereth the heart consider it?
and he that keepeth thy soul, doth not he know it?
and shall not he render to every man according to his works?
(Proverbs 24:11~12)

틀림없이 사람들은 이러한 제국의 필요를 인정해야 할 뿐 아니라 깨달아야 할 것이다. 인류의 1/3이나 되는 생명의 영원에 대해서 같은 인간으로서 깊이 동정하며 피로 산 능력으로 가장 열정을 기울여 노력해야 하지 않겠는가? 이방 세계에서 들려오는 무기력하고 소망 없

는 비참한 흐느낌이 게으른 우리 귀를 찔러서 우리를 깨우지 않는가? 몸과 영과 혼을 일으켜 세워서 중국의 구원을 위해서 강력하고 지속적이며 패배를 모르는 노력을 기울이게 하지 않겠는가? 우리는 하나님의 강한 능력 안에서 강해져서 강한 자의 손에서 먹이를 빼앗을 수 있다. 영원히 타는 불에서 영혼을 구할 수 있고, 죄와 사탄의 노예 상태에서 그 포로를 구해 낼 수 있다. 그리하여 뛰어나신 우리 왕의 승리에 영광을 돌릴 수 있다.

기도 가운데 이러한 사실들을 생각하면서, 또 중국에 인간을 진정으로 행복하게 하는 것들이 얼마나 심각하게 결여되어 있는지를 생각하니, 그리스도의 피의 능력을 이미 경험한 사람들의 가슴에 중국의 필요를 무거운 짐으로 올려놓을 수밖에 없는 심정이다. 그리고 주께서 반드시 이 어두운 땅 모든 성에 복음을 들고 가서 전해 줄 사람들과 수단을 보내주시기를 간절히 기도드린다. 우리에게는 하나님이 계시다. 그분은 모든 능력과 권세를 지니신 주님이시고, 그분은 팔이 짧아서 구원하지 못하는 분이 아니시며 귀가 어두워 듣지 못하시는 분이 아니시다. 그분의 변함없는 말씀은 우리에게 구하면 받을 것이고 우리 기쁨이 충만하리라고 하신다. 우리 입을 넓게 열면 채워주실 것이다. 하나님은 믿음의 기도에 전능하신 능력으로 응답해 주시는 은혜로운 분이시다. 그러나 또한 멸망해 가는 사람을 구하기 위해 자신을 드리기를 소홀히 하는 사람들에게 그분은 그 피 값을 찾으신다. 하나님께서 그 죄를 가볍게 보지 않으신다는 사실을 기억하는 것이 좋을 것이다.

4
영원한 오늘의 지도자
The Ever-present Leader

예수 그리스도는 어제나 오늘이나
영원토록 동일하시니라.
(히브리서 13:8)

Jesus Christ is the same yesterday,
today, and for ever.
(Hebrews 13:8)

    여기에서 계속되는 일련의 단어들이 주는 부요함과 적합성은 놀라운 경외감마저 들게 한다. 참으로 적절한 말씀이다. 얼핏 보면 체계가 서지 않는 문장 같은데 생각의 연속성이 완벽하다. 7절에서 '하나님의 말씀을 너희에게 일러 주고 너희를 인도하던 자들을 생각하라'고 하고, 9절에서는 '여러 가지 다른 교훈에 끌리지 말라'고 타이른다. 한편으로 과거의 믿음을 본받아 거룩한 전통에 서 있으라고 명령하면서 다른 한 편으로는 변화와 실험의 요구가 따르는 변혁에 대처하라는 것이다. 바로 그 두 가지 극단의 사이에 위대한 외침이 있는 것이다. 즉, '예수 그리스도는 어제나 오늘이나, 정말로 영원토록 동일하시니라'는 그러한 상황에 충분히 대처할 수 있는 유일한 말씀이다.

과거가 아무리 좋았어도 과거로서는 충분하지 않다.

다시 말하지만 과거는 현재를 위해서 충분하지 않은 것처럼, 미래를 위해서도 충족하게 해주지 못하는 것이다. 환경은 변하고 세월은 흐른다. 이전의 지도자들이 아무리 경건했어도 여기에 있는 우리들을 구원해 주지 못할 것이다.

히브리인들에게 보낸 이 위대한 편지는 이전 은혜는 무상한 것이지만, 반면에 그리스도와 그분께서 다 이루신 일은 절대적으로 영원한 것임을 대조적으로 보여준다. 그것은 어느 시대에나 합당한 메시지이다.

예수 그리스도께서 어제처럼 오늘도 동일한 분이시라는 중요한 진리를 우리는 생명과 같이 붙들고 있는가? 그리스도를 '육체대로' 아는 것만 해도 말로 다할 수 없는 특권이다. 그러나 그것으로는 불충분하다. 그분께는 측량할 수 없이 위대하신 면이 있다. 당시의 팔레스틴과 우리 시대 사이에 존재하는 수많은 다른 점은 그분이 변함없이 임재해 계신다는 사실 앞에서 대수롭지 않은 것이 되어 버린다. 주님은 어느 시대를 막론하고 위대하신 동시대 분이시다. 내일의 주님이신 것 같이 어제의 주님이시고 어제의 주님이신 것 같이 오늘날의 주님이기도 하신 것이다.

우리는 어떠한가? 정말 주님이 지금 우리와 함께 계신 것 같이 살고 행동하고 생각하는가? 주께서 우리와 함께 계신 것을 믿지 않으면 우리가 마땅히 되어야 하는 모습이 될 수가 없다. 그분은 친히 말씀하셨다. '결코 너희를 떠나거나 버리지 않으리라.' 주님은 바울과 함께 하셨던 것처럼, 허드슨 테일러와 함께 해 주셨던 것처럼 동일하게 언제나 변함없는 그리스도로 우리와 함께 계신다.

허드슨 테일러의 삶과 메시지에 있는 영원한 가치는 바로 이것이다. 과거에 허드슨 테일러와 함께 해 주셨던 예수 그리스도는 오늘날 우리에게도 동일한 분이시라는 것이다.

1일 후견인 되신 하나님의 돌보심

GOD'S GUARDIAN CARE

주는 나의 목자시니 내가 부족함이 없으리로다.

(시편 23:1)

The Lord is my Shepherd; I shall not want.

(Psalm 23:1)

당신의 자녀들이 아무런 염려 없이 사는 것이 하나님 아버지의 뜻이다. '아무 것도 염려하지 말라'는 말씀은 '도적질 하지 말라'는 요구와 같이 명백한 것이다. 그러나 우리가 이 명령을 따를 수 있으려면 언제나 변함없이 우리를 돌보시는 그분의 염려를 알고 있어야 한다. 그리고 그분의 지도를 따라서 '모든 일에 기도와 간구로 너희 구할 것을 감사함으로 하나님께 아뢰어야' 한다.

복된 이 확신이 주는 위로는 하나님의 모든 자녀에게 주신 행복한 분깃이다. 해외에서 수고하는 우리 사역자들에게와 마찬가지로 본국의 친구나 후원자들에게도 해당되는 말씀이다.

성경에 주로 직설법이 사용된 것을 볼 때 많이 위로가 된다. 예를 들어, 오늘 시편 말씀은 4절에서만 가정법이 사용되었다. 우리가 소원할 수 있는 모든 명백함과 확신이 적극적인 긍정의 직설법으로 전달되고 있다. 즉 격려의 말씀이 '주는 나의 목자시니'에서와 같이 현재 시제로 주어지거나 '내가 부족함이 없으리로다'에서 쓰이는 동사와 같이 현재의 사실을 근거로 약속하고 있는 것이다.

하나님이 자기 이름을 위하여, 그리고 자신의 영광을 위하여, 우리의 목자가 되어 주시고 우리에게 필요한 것을 전부 공급해 주신다고 보증해 주신 것을 기억하면 격려가 된다. 야위고 말라빠진 양들이 사지에 상처를 입고 털이 망가져 있다고 해도 목자의 돌보심 아래 들어오면 된다. 그런데 우리가 의지적으로 그분에게서 떠나고, 그분의 보호 아래에서 편안히 머물러 있지 않으려고 고집하지만 않는다면, 우리는 그러한 운명을 두려워할 필요가 없다.

'주는 (현재) 나의 목자이시다.' '이었다'나 '일 것이다' 또는 '될 것이다'라고 하지 않으셨다. '주는 나의 목자이시다.' 주일에도 월요일에도 일주일 내내 계속 나의 목자이신 것이다. 1월에도 12월에도 일 년 내내 그 어느 달에도 주는 나의 목자이시며, 집에서나 중국에서, 평화로울 때나 전쟁 중에도 나의 목자이시다. 풍족할 때나 빈궁할 때도 나의 목자이시다. 이 진리를 기뻐하며 살자.

2일

사역 중의 안식

REST IN SERVICE

> 그가 나를 푸른 초장에 누이시며
> 잔잔한 물가로 인도하시는도다.
> (시편 23:2)
>
> He maketh me to lie down in pastures of green grass;
> He leadeth me beside the water of quietness.
> (Psalm 23:2)

얼마나 위로가 되고 평온하게 해 주는 말씀인지! 사랑의 능력으로 살아 있는 이 말씀을 읽으면, 우리의 피곤하고 지친 영혼에 안도감이 밀려온다. 부드러운 초장과 졸졸 흐르는 시냇물을 언급한 것 자체에서 우리 마음은 새로워진다.

'주'라는 1절의 첫 단어는 시편 전체로 들어가는 열쇠로서, 완전히 파악하기만 하면 삶 자체를 찬송으로 만드는 비결이 될 것이다. 바로 이 2절도 그러한데, 각 절을 시작하는 '그'라는 단어는 소중한 말씀에 감미로움과 능력을 더해 준다.

하나님께서 주신 이 말씀을 더 오래 묵상하면 할수록 우리에게 그

의미가 더 살아나고 더 잘 적용이 되는 것 같다. 누이신다는 말은 단순한 쉼에 더하여 만족함까지 포함하는 기분 좋은 쉼을 연상하게 한다. 배가 고파 만족하지 못하는 양에게는 눕는 것이 아니라 먹을 것이 필요하다. 그런데 보라! '그분이 나를 누이시는 것이다.' 얼마나 소중하고 깊이 있는 말씀인가! 너무 피곤하여 누울 수도 없는 상태가 어떤 것인지 우리는 모두 너무도 잘 알고 있다. 안절부절하여 쉼이 필요한데도 쉬지 못하는 경우가 있지 않은가? 그러나 주께서 잔잔하게 해 주시는데 누가 휘저을 수 있는가? 그분이 우리를 눕게 해 주시는데 누가 우리에게 고통을 주며 괴롭히겠는가?

그런데 불같은 시험이 우리를 위협하면서 태워버릴 기세로 오는 것은 무엇인가? 아, 그 때에도 우리의 목자께서는 일하고 계신다. 중국에는 목초가 울창하여 메마르고 거칠며 해충으로 들끓고 있는 곳이 많아서 위험의 원인이 되는 경우가 흔하다. 그때 목자는 언덕에 불을 놓아서 양떼들을 안전한 곳으로 인도하여 데리고 간다. 얼마나 아름다운 광경인지 모른다. 또 장면이 바뀌어 폭우가 쏟아지고 나면, 마치 마법과도 같이 고요해지면서 아름다운 초록빛 식물이 언덕과 골짜기를 카펫처럼 덮는다. 불로 태우는 것이나 폭우가 쏟아지는 것이 불필요한 것이 아니었다. 그 결과, 부드럽고 고요한 아름다움과 풍성한 비옥함이 오는 것이다.

그러나 믿음은 볼 필요가 없는 것이다. 폭우가 불어치는 동안에도 축복을 확신하며 미리 보고 기뻐할 수 있는 것이다.

3일 하나님의 은혜로우신 인도

GOD'S GRACIOUS LEADINGS

내 영혼을 소생시키시고
자기 이름을 위하여 의의 길로 인도하시는도다.

(시편 23:3)

He restoreth my soul;
He leadeth me in the paths of righteousness for His name's sake.

(Psalm 23:3)

여기에 '소생시킨다'라고 표현된 말은 의기소침하여 침울한 상태나 극도로 피곤하여 기진맥진한 상태에서 회복되는 것을 의미한다. 시편 19편 7절에서는 같은 단어가 '여호와의 율법은 완전하여 영혼을 소성시킨다 (바꾼다, 개심시킨다)'로 쓰이고 있다. 영혼이 재앙으로 침울하거나 사역으로 지칠 때, 기운 찬 분위기로 회복시킨다는 것이다.

이렇게 보면 이 구절은 가장 위로가 되는 두 가지를 생각하게 해 준다.

(1) 사역이 절박할 때 필요한 새로운 힘과 은혜를 공급해주고, 성도의 기쁨을 새롭게 해준다.
(2) 바른 길로 안내하고 인도해 준다.

이 이상으로 격려가 되는 확신은 없을 것이다. 그리고 이 두 가지 격려의 근거와 연결되어 우리는 또 하나의 은혜로운 확신을 하는데, 주께서 당신의 이름을 위하여 그렇게 하신다는 것이다. 그분의 사역은 고생스럽게 노예처럼 일하여 그 안에 관계된 사람들의 삶과 기쁨을 말라버리게 하는 것이 아니다. 그것은 그분의 영광을 위한 것이 아니다. 대신에 주의 백성들은, 언제나 그분을 위한 사역은 자유로운 사역이며 주님의 기쁨이 그들의 힘이라는 것이, 말로 하지 않아도 그 얼굴에 무의식 가운데 나타나야 한다. 주님이 당신의 백성들을 의의 길로 인도하시고, 그들 안에서 그리고 그들을 통하여 언제나 당신의 위대한 이름을 영화롭게 하는 분이신 것이 나타나 보여야 한다. 주께서 당신을 바라는 우리에게 그분의 이름을 위하여, 그분의 명예를 걸고, 당신의 힘을 소생하게 해 주실 것이라고 깨닫는 큰 기쁨을 주시기 바란다. 그분은 무오한 능력으로 우리의 순례 길을 인도하실 것이며 우리 안에서 그분을 영화롭게 하시고는 마침내 우리를 그분의 영광의 자리에까지 안전하게 인도해 주실 것이다.

기도하는 사람들이나 본국에 있는 사람들, 그리고 해외에서 수고하는 사람들은 모두 연합되어 있다. 그 연합된 역량 안에서 이 소중한 말씀이 전달하려고 하는 확신 가운데 온전한 위로를 받게 되기를 빈다.

4일 하나님의 위로
DIVINE COMFORTS

내가 사망의 음침한 골짜기로 다닐지라도
해를 두려워하지 않을 것은 주께서 나와 함께 하심이라
주의 지팡이와 막대기가 나를 안위하시나이다.

(시편 23:4)

Yea, though I walk through the valley of the shadow of death,
I will fear no evil: for thou art with me;
thy rod and thy staff they comfort me.

(Psalm 23:4)

선하신 목자!—오, 얼마나 좋은 말인지! 우리 목자 되신 우리 주님! 우리가 보아온 대로 그분과 그분의 방법은 모두 확실하고 뚜렷하여 직설법으로 표현되었다. 그리고 당장 언제나 해당이 되기 때문에 영원한 현재 시제였다. 그런데 우리는 왜 주님과 그분의 영광스러운 불변성에서부터 눈을 돌려, 쉽게 변하는 자신이나 가정법, '만일'과 '그렇다고 해도'와 '아마'와 같은 것을 생각하는 경향이 있는가?

'(만일) 내가 사망의 음침한 골짜기로 다닐지라도'에 유일하게 가정법 시제가 사용되었다. '내가 골짜기로 다닐 것인데'라고 하지 않았다. 아마도 살아계시고 사랑이 많으신 하늘의 그분과 우리가 현재 나누고 있는 교제가 금방 그리고 갑자기 그분의 나타나심의 영광에 삼켜버렸기 때문일지도 모르겠다. 만일 그렇지 않다면 무엇인가? 어두운 곳에 남겨져 두려워 떨 것인가? 어두움의 세력과 싸워야 하는데 아무런 도움 없이 혼자 남아 있겠는가? '내가 해를 두려워하지 않을 것은 주께서 나와 함께 하심이라.' '주께서 나와 함께 하심이라.' 여기에는 가정법이 없다. '주의 지팡이와 막대기—목자직의 상징—가 양의 안전보장이 되어주는 도구로 내 곁에 있는 것이다.

어떤 때 마음이 두려워질 때면 이 목자의 상징을 징벌하는 막대기로 받아들인다. 그러나 성경에는 목자와 그의 양떼, 법의 제정자와 그의 백성 사이를 징벌하는 막대기로 연관 짓는 경우는 한 군데도 없다. 모세의 지팡이는 바로 앞에서 하나님의 대적에게 심판을 가져온 상징으로 사용되었지 이스라엘을 징계하는 것이 아니었다. 그 지팡이로 홍해를 가르고 백성을 구원했으며 다시 그것으로 물을 합쳐서 애굽의 군대를 완전히 파멸시켰다. 우리는 하나님께 목자의 지팡이를 주신 것에 감사해야 할 것이다.

목자의 막대기는 더욱 부드럽고 더욱 감동적인 것이다. 그것은 우리의 연약함을 불쌍히 여기셔서 친히 순례자가 되어주신 분에 대해서 말해 준다. '주의 지팡이와 막대기가 나를 안위하시나이다.'

5일 왕이 공급해 주시는 것들

ROYAL SUPPLIES

주께서 내 원수의 목전에서 내게 상을 차려 주시고
기름을 내 머리에 부으셨으니 내 잔이 넘치나이다.

(시편 23:5)

Thou preparest a table before me in the presence of mine enemies:
thou anointest my head with oil; my cup runneth over.

(Psalm 23:5)

좋은 목자가 양떼를 데리고 가는 부드러운 초장이 유쾌하고, 생기 있게 흐르는 개울물이 상쾌하기는 하지만, 신자가 받는 은혜와 미덕 중에는 더욱 엄격한 학교에서 개발될 필요가 있는 것들이 있다. 진정한 제자라면 그의 스승처럼 온전해져야 할 것이며 시험을 당할 때 정금이 되어 나와야 할 것이다.

그렇지만 심지어 전투의 훈련이라고 해도 전부 고통스러울 것이라고 가정하는 것은 큰 잘못일 것이다. 믿음으로 얻는 기쁨은 승리의 기쁨보다 더 위대하다. 살아계신 하나님 안에서 안식하며 그분 자신을 기뻐하는 믿음, 싸움이 시작되기 전에도 승리했을 때와 마찬가지로 그분께 영광 돌리는 믿음은 얼마나 더 훌륭한가!

'주께서 내 원수의 목전에서 내게 상을 차려 주시고' 갈렙과 여호수아가 두려워할 만한 적군 앞에서 '저들은 우리의 밥이다. 그들의 보호자는 저들을 떠났다'고 의기양양하게 선포했을 때, 그 마음속에 기쁨이 없었겠는가? 요나단이 대적들 앞에서 '주의 구원은 사람의 많고 적음에 달려 있지 않다'고 외쳤을 때 걱정하고 있었겠는가? '이 할례 받지 못한 블레셋이 누구이길래 살아계신 하나님의 군대를 모욕하는가?'고 말했던 다윗의 감정은 어떠했겠는가? 여호사밧 때처럼 만군의 주 하나님의 군대가 전쟁에 앞서 먼저 나갈 때가 자주 있다. 군대 앞에서 찬양대가 '주의 자비는 영원하다'고 찬양하며 가는 것이다. 하나님의 백성은 그러한 전쟁이 끝날 때면 풍성한 전리품을 거둔다.

이 시편에서 우리가 놓칠 수 없는 것은 전반부보다 후반부에 언급된 축복이 훨씬 더 풍성하다는 사실이다. 진정한 하나님의 위로가 빛을 보는 것은 어두움의 골짜기를 지날 때이다.

그런데 이것이 전부가 아니다. 싸움이 끝나고 어두움이 물러가면, 전리품은 영원하고, 그로 인해 얻는 유익도 영원히 지속된다.

6일

한 없는 축복
UNLIMITED BLESSING

내 평생에 선하심과 인자하심이 반드시 나를 따르리니
내가 여호와의 집에 영원히 살리로다.

(시편 23:6)

Surely goodness and mercy shall follow me all the days of my life:
and I will dwell in the house of the LORD for ever.

(Psalm 23:6)

이것은 **주 여호와**로 시작된 시편의 마지막으로 얼마나 적합한 말씀인가! 그분이 마땅히 계셔야 할 자리는 맨 처음과 맨 위이고 그분의 이름도 언제나 우리의 가슴과 삶 속에 큰 대문자로 인쇄되어 있어야 한다. 그 사실을 꼭 염두에 두자. 그 외에 우리와 관련된 다른 모든 것은 작은 것으로 따라오게 하자. 그러면 우리 삶의 사역에 영광이 깃들기 시작할 것이고, 시간이 지나면서 더욱 복되고 성공적이 될 것이며, 결국 마지막에는 승리로 끝날 것이다.

그리스도인에게 그러한 격려와 도움이 있는데도 불구하고, 실제적으로 삶에서는 자주 실패감을 느끼고 그렇게 고백할 때가 많은 것은 어찌된 일인가? 그것은 우리가 그분을 실제로는 우리의 주님으로서 최우선적으로 우리를 다스리도록 해드리지 않은 잘못 때문이 아닌가?

실제로는 주님보다 우리 자신, 우리의 관심, 우리 가족이 먼저이다. 일생의 계획이나 기쁨, 아니면 우리에게 소중한 흥미나 즐거움이 방해 받지 않는 한에서 그분을 주님으로 섬기고 있지 않는가? 만일 이런 경우라면 참된 안식이나 완전한 행복은 있을 수가 없다.

이 아름다운 시편에 부합되는 삶은 전혀 다른 것이다. 주님이 우선이시고 주님이 소유주이시다. 다스리는 분, 공급자, 안내자이시다. 그래서 부족함이나 실패의 두려움 같은 것은 모두 사라진다.

우리는 주님의 인도를 받아 부드러운 초장에 눕고 잔잔한 물가로 간다. 지치고 피곤할 때 새롭게 회복되어서 그 이름을 위하여 의의 길로 인도를 받는다. 어두운 시련의 길에서 믿음이 증명되고 인정을 받고 있는가? 주님의 것임을 의식하고 해를 두려워하지 않으면서 그분이 인도하시는 곳으로 안전하게 따라간다. 그분의 지팡이와 막대기가 우리와 함께 있어 우리의 위로가 되신다. 주님은 원수의 목전에서 우리에게 왕가의 잔칫상을 베풀어 주신다. 우리의 평생에 그런 대우를 받는다. 그리고 마지막이 되면 거할 곳이 많은 아버지 집, 주님의 집에서 영원히 살 것이다.

7일 임금과 구주

PRINCE AND SAVIOUR

이스라엘에게 회개함과 죄 사함을 주시려고
그를 오른손으로 높이사 임금과 구주로 삼으셨느니라.
(사도행전 5:31)

Him hath God exalted with his right hand
to be a Prince and a Saviour,
for to give repentance to Israel, and forgiveness of sins.
(Acts 5:31)

위에 인용된 말씀은 그리스도께서 부활하신 후 하나님이 어떤 직위에 그분을 올려 두셨는지를 보여준다. 그 순서를 잘 유의해 보자. 구주를 영접하려고 한다면, 그분이 임금이신 사실도 받아들여야 한다. 많은 사람들이 자기가 구원을 받았다고 하면서도 회심하지 않은 채로 남아 있다. 자기 자신이나 자기의 의지, 자기의 모든 것을 하나님 앞에서 포기하지 않는다. 그래서 반 밖에 구원 받지 못하는데, 이 세상의 삶에서 임금을 인정하지 않으니, 결과적으로 시험의 때가 왔을 때 그를 구원해 줄 사실상의 구원자가 없는 것이다. 마치 어린아이가 걸음마를 배우려고 하는 그림을 보는 것과도 같다. 기어 다닐 수는 있는

데, 아직 걷지 못해서 비틀거리며 쓰러지는 것이다. 왕이 없는 삶도 마찬가지이다. 오, 왕을 거역하면 따르는 대가가 있는 것이다. 탕자가 아버지 집에는 좋은 옷과 살진 소가 있는데도, 굶어 죽을 지경이고 누더기를 입고 있는 것이다. 하나님이 다스리는 나라 안에는 안식이 있고, 평화와 기쁨이 있으며, 열매와 능력이 있다.

독자의 상태도 그러한가? 맡아 있는 일에서 성공하고 있는가? 드리는 기도마다 응답되고 있는가? 아침마다 두렵지 않고, 밤마다 감사의 찬송을 부르는가? 비록 단조의 경우도 있기는 하지만, 그래도 노래하고 있는가? 집안 식구가 당신이 집에서 하는 일에서 천국의 증거를 보고 있는가? 옷장 안도 그분이 다스리고 있는가? 방문객이 당신의 집에서 천국을 느끼며 감동하는가? 아니면 다른 것이 있는가? 아주 작은 어떤 것, 그것만은 내놓을 수 없는 것이 있는가?

기억하라! 당신이 그러한 것을 하나만 손 안에 쥐고 있어도, 그것이 아무리 사소한 것일지라도, 그것은 주님을 주와 주인의 왕좌에서 내려오시게 하는 것이다. '나는 이분이 나를 다스리도록 하지 않겠다'는 의미인 것이다. 당신이 그분의 뜻을 따라서 살려고 한다면, 그분이 왕이 되시는 것을 매우 기뻐할 것이고, 당신의 약함과 실패를 모두 그분께 드리고 대신에 그분의 모든 충만하심을 받아들일 것이다. 당신은 '너희는 온 천하에 다니며 만민에게 복음을 전파하라'고 말씀하시는 주님을 왕으로 대우해 드리고 있는가?

8일 평화의 왕

THE PRINCE OF PEACE

그의 이름은 기묘자라, 모사라, 전능하신 하나님이라,
영존하시는 아버지라, 평강의 왕이라 할 것임이라.

(이사야 9:6)

his name shall be called Wonderful, Counsellor,
The mighty God, The everlasting Father, The Prince of Peace.

(Isaiah 9:6)

이사야의 예언에서 우리 주님에게 붙여진 직함 중에 '기묘자'가 있고 또 '모사'가 있다. 한 번역판에는 그 둘을 합하여 '놀라우신 조언자'라고 되어 있다. 그분은 진정으로 놀랍게 조언을 해주시고, 사역에도 탁월하시다. 우리가 고안하거나 실행할 수 있는 것과는 매우 다른 방법으로 그분은 당신의 백성을 사역하는 가운데 훈련하셔서 유업을 얻기에 합당한 빛의 성도가 되도록 만드신다. 그들이 그렇게 갖추어지고, 마지막 손질이 끝나 세련된 모습을 얻게 되면, 우리는 그들이 우리 곁에 머물기를 간절히 바라지만, 그분은 그들을 위에 있는 천국으로 데려 가신다.

우리는 그분이 우리에게 무엇을 준비시키고 계신지 모르기 때문에 그분이 우리를 다루시는 것에 대해서 많은 부분 이해할 수가 없다. 그래도 우리는 더 나은 일을 할 수가 있는데, 그것은 그분을 신뢰하는 일이다. 그러한 믿음은 하나님의 뜻에 단순히 그저 순종하는 것이 아니라, 그것을 크게 기뻐한다. 살과 피가 부서지는 때에라도 기대를 가지고 현재 노래할 수 있는 승리의 믿음인 것이다. '우리 예수님이 모든 일을 다 잘 이루셨다'고 우리는 모두 함께 노래할 것이다.

앞서 언급한 이사야서에서는 기묘이고 모사이신 그분의 어깨에 정사가 메었고 그 이름은 평화의 왕이라고도 불린다고 예언한다. 그리고 '그 정사와 평강의 더함이 무궁하다'고 한다. 우선 그분 자신을 우리 앞에 모시고 온다. 그리고 그분의 다스림과 그 다스림의 결과, 즉 영원한 평화를 이야기한다. 우리에게 평화가 부족한 것은 그분을 마음을 다해 받아들이는 것이 결핍되어 있고, 그분이 다스리시는 정사에 협력하거나 잠잠히 따르지 않을 때인 경우가 많다.

그렇지만 그 정사는 거칠거나 독재적인 것이 아니다. 제왕의 홀을 쥔 손은 십자가에 찢긴 손이고, 그 어깨는 우리 한 사람 한 사람에게 안식을 주기 위하여 먼저 친히 무거운 십자가를 진 어깨이다.

주님은 크신 사랑으로 그렇게 심한 대가를 치르고 우리를 구속하셨고, 그 흘리신 피값으로 우리를 당신 소유 삼으셨다. 그러한 주님께서 다스리는 것을 믿으니 안전하지 않은가?

9일   어디서?

WHENCE?

> 광야에 있어 우리가 어디서
> 이런 무리가 배부를 만큼 떡을 얻으리이까?
> (마태복음 15:33)
>
> Whence should we have so much bread in the wilderness,
> as to fill so great a multitude?
> (Matthew 15:33)

이 이야기는 맨 처음부터 복되신 우리 주님을 우리에게 모셔와서, 이야기가 진행되는 동안 내내 우리 앞에 머물러 계시게 한다. '예수께서 제자들을 부르셔서' 제자들이 예수님이 느끼시는 동정심과 긍휼을 함께 느끼도록 그들 마음을 여셨다. '내가 무리를 불쌍히 여기노라. 길에서 기진할까 하여 굶겨 보내지 못하겠노라.' 바로 이것이 우리에게 꼭 필요한 것이다. 우리는 사랑하는 우리 주께서 당신 가까이로 이끌어 주셔서, 친히 느끼시는 심정을 우리에게 열어 보이시기를 소원한다.

그 다음은 주의 제자들이 주님이 가장 위대한 일을 행하실 때 그 도구로 사용되는 이야기로 진행이 된다. 주께서는 무슨 일이든 제자들을 제쳐 놓고 혼자 하려고 하지 않으신다. 우리도 일을 할 때 다른 사람들과 관계없이 따로 혼자 하지 않아야겠다는 교훈을 받는다. 주께서 우리에게 하라고 주신 일을 하기 위해서 우리가 얼마나 가까이 엮여 있어야 하는지!

그리고 다음 이야기는 우리 앞에 무리가 있다는 것이다. 대단히 큰 무리여서 제자들 생각에 그들에게 먹을 것을 충분히 주는 일은 불가능했다. 대단히 큰 무리였던 그 일이 나는 매우 기쁘다. 우리는 수학적인 생각을 하기가 쉽다. 그런데 우리 주님이 계시는 곳에서는 무리가 얼마나 많은지는 아무런 상관이 없다. 차라리 물질이 적은 것이 많은 것보다 더 낫다는 생각을 할 때가 많다. 하나님의 손이 적은 것을 배가시킬 수 있기 때문이다. 하나님께서 우리에게 주신 것이면 충분하다. 그것이 우리에게 필요한 전부이다. 그 이상 필요한 것이 아니다. 많이 공급받는 것이 문제가 아니라 주님께서 그곳에 계신가 하는 것만이 문제인 것이다.

주님의 방법을 살펴보자. 사람들을 어떻게 먹게 했는가? 그리스도와 그분의 제자들이 함께 행동을 했다. 주님은 그들이 가진 것을 전부 요구하셨다. 그들은 기꺼이 가진 것을 전부 내어놓았다. 그리고 주저하지 않고 그분이 지시하시는 대로 따랐다. 그곳에 인색한 산술가가 있었다면 먼저 계산을 했을 것이다. 빵이 몇 개가 있는지는 문제가 아니었다. 그저 완전히 성별해서 드리면 되었다. 우리 사역을 멈추자. 우리의 생각, 계획, 우리 자신, 우리의 사랑하는 사람들, 우리의 영향력을 전부 바로 그분의 손에 드리자. 그러면 걱정할 것이 아무 것도 남아 있지 않을 것이다. 그분의 손 안에 있으면 모든 것이 안전하고, 모든 일이 이루어진다. 그리고 그 일이 매우 잘 될 것이다.

10일

하나님의 축복

THE BLESSING OF GOD

여호와께서 모세에게 말씀하여 이르시되,
아론과 그의 아들들에게 말하여 이르기를
너희는 이스라엘 자손을 위하여 이렇게 축복하여--
그들은 이같이 내 이름으로 이스라엘 자손에게 축복할지니
내가 그들에게 복을 주리라.

(민수기 6:22-27)

And the LORD spake unto Moses, saying,
Speak unto Aaron and unto his sons, saying,
On this wise ye shall bless the children of Israel,
And they shall put my name upon the children of Israel,
and I will bless them.

(Numbers 6:22-27)

우리는 민수기 6장 말씀의 결론에서 하나님의 말씀 전체중에서도 가장 풍성한 축도의 형태를 본다. 그런데 왜 여기에 이 말씀이 있는가? 하는 의문이 자연스럽게 떠오른다. 대답은 두 가지이다. 하나님 편의 대답이 있다. 사랑이 많으신 하나님의 마음에 우선 나실인으로 헌신하는 사람들의 특권이 있었고 그들에게 풍성한 축도라는 성스러운 행동을 하게 하였다. 인간의 편에서 보면 온전히 성별된 영혼은 언

제나 하나님의 축복을 받는다는 사실을 교훈으로 받을 수 있다. 그 축복을 받아 누리지 않는 곳에는 언제나 그 헌신에 무언가 부족하고 진실성이 결여되어 있다. 자기 뜻으로 무언가를 해보려고 하다가 슬픔과 염려로 가득하게 나날을 지내는 그리스도인들이 얼마나 많이 있는지 모른다. 자신을 지키려고 하지만 뜻대로 되지 않고, 행복하려고 하는데 불행할 때가 많으며, 성공하려고 하는데 실패를 한다. 그러나 하나님은 자신과 자기가 가진 모든 것을 하나님께 드리는 사람들에게 당신의 축복을 기쁘게 나누어 주신다. 하나님께서 구하지도 않았는데 자발적으로 축복하시는 것을 보라. 주께서는 아론과 그의 자손들에게 명령하여 이스라엘을 축복하라고 하시며 그분의 이름을 그들에게 두라고 하셨다. 그리고 변개할 수 없는 그분의 계획을 선포하셨다. '내가 그들에게 복을 주리라.'

무엇이 '복'인가? 그 참 뜻이 무엇인가? 우리는 그 단어를 너무 막연하게 사용하여 그 소중한 의미를 많이 잃고 있다. 송축과 동의어로 쓸 때도 있지만 복은 송축이 아니다. 하나님이 우리에게 복을 주시기 때문이다. 어떤 때는 은혜로운 선물이라는 의미로 사용하기도 한다. 그런데 복은 선물을 뜻하지 않는다. 복이란 애정과 만족감을 주는 대상을 향하여 마음이 움직이는 것이다. 그 마음에서 나가는 것에 자연스럽게 선물이나 송영이 따른다. 우리 마음이 노래로 주를 송축할 때, 그 송축은 노래에 있는 것이 아니라 노래를 나오게 하는 감정에 있다. 주께서 당신의 백성에게 평안과 풍성함으로 축복하실 때, 그분의 사랑의 손을 움직이는 것은 그분의 마음인 것이다.

11일 아버지의 축복

THE BLESSING OF THE FATHER

여호와는 네게 복을 주시고 너를 지키시기를 원하며
여호와는 그의 얼굴을 네게 비추사 은혜 베푸시기를 원하며
여호와는 그 얼굴을 네게로 향하여 드사
평강 주시기를 원하노라.
(민수기 6:24-26)

The LORD bless thee, and keep thee:
The LORD make his face shine upon thee, and be gracious unto thee:
The LORD lift up his countenance upon thee, and give thee peace.
(Numbers 6:24-26)

    더 충분히 계시된 신약의 말씀까지 있으니 우리는 이 3중 축도가 아버지와 아들과 성령이 축복하시는 것임을 놓칠 수 없다. 그렇게 읽으면 또 얼마나 이 말씀이 더 아름답고 적합한 것인지를 이해한다. 우선 아버지가 하시는 축복을 살펴보자.

    아버지의 축복을 묵상할 때 '주께서 너를 지키시고 복주시기를'라는 말씀보다 더 적합한 축복은 없을 것이다. 자녀를 사랑하는 아버지라면 그 자녀를 위해서 바로 이렇게 지켜 주고 복을 주려고 하지 않

겠는가? 그 일을 마지못해서가 아니라 대단히 기쁜 마음으로 그렇게 할 것이다. 그 책임을 면제해 주고 그의 아이를 입양하겠다고 제안해 보라. 그에게서 어떤 대답이 나오겠는가? 아버지의 사랑만이 아니다. 자녀를 사랑하는 어머니의 사랑까지 생각해 보라. '주께서 말하노라. 그 어미가 자식을 위로함 같이 내가 너희를 위로할 것이다.' 어머니가 자기 품안의 아기에게 얼마나 아낌없이 그 사랑을 쏟아부으며 기뻐하는가? 어머니는 결코 지치지 않는 인내와 끈기로, 그 끝을 모르는 사랑으로 아기를 위해 자신의 생명을 희생한다. 그 어머니의 사랑은 아무리 강하다고 해도 모자랄 때가 있지만 하나님의 사랑은 결코 그런 적이 없으시다.

우리 구주의 사명 가운데에는 그리스도 예수 안에서 하나님이 우리 아버지이신 것을 계시하시는 사명도 있었다. 산상수훈을 보면 주께서 얼마나 기쁘게 이 소중한 진리를 드러내 보이셨는지 알 수 있다.

그리고 그분은 얼마나 영광스러운 아버지이신지! 참된 부성애와 모성애의 총 근원이신 아버지이시다. 인간의 모든 선함과 온유함, 사랑의 총체는 태양 앞의 한 방울 이슬에 지나지 않는다. 또 얼마나 안전한지! 이 땅의 부모는 사랑을 한다고 하여도 지켜주고 축복할 힘은 없다. '여호와께서 네게 복을 주시고 너를 지켜 주시기를….' 이것은 각 개인에게 주시는 축복이다. 그리고 현세의 것이나 영적인 형태의 모든 축복을 포함하는 것이다.

12일

아들의 축복
THE BLESSING OF THE SON

여호와는 네게 복을 주시고 너를 지키시기를 원하며
여호와는 그의 얼굴을 네게 비추사 은혜 베푸시기를 원하며
여호와는 그 얼굴을 네게로 향하여 드사
평강 주시기를 원하노라.
(민수기 6:24-26)

The LORD bless thee, and keep thee:
The LORD make his face shine upon thee, and be gracious unto thee:
The LORD lift up his countenance upon thee, and give thee peace.
(Numbers 6:24-26)

    이제 두 번째로 아들의 축복을 생각해 보자. 때가 차매 영원하신 하나님의 아들께서 사람의 아들이 되셨다. 그분은 아버지의 사랑을 말과 함께 삶으로 드러내 보이려고 오셨다. 그분에게서 이루어진 사역의 표본들을 일일이 열거하자면 시간이 모자랄 것이다.
    '주께서 그의 얼굴을 네게 비추시기 원한다.' 아마도 인간의 몸 중에서 가장 놀라운 지체는 얼굴일 것이다. 하나님은 어떤 얼굴도 완전히 똑 같이 만들지 않으셨다. 가만히 있을 때에도 그렇지만, 가끔 친한

친구 사이에 매우 닮은 사람이 상대방의 표정을 흉내내도 쉽사리 구별을 한다. 왜 그런가? 그것은 하나님께서 얼굴에 개인의 성격과 감정이 나타나도록 맞추어 만드셨기 때문이다. 그리고 하나님께서는 그리스도의 심정이 당신의 백성들에게 나타나도록 해야겠다는 목적을 가지고 계셨다. 하나님의 뜻은 '예수 그리스도의 얼굴에 있는 하나님을 아는 영광의 빛'이 우리에게 나타나도록 하는 것이었다.

  얼굴에 빛이 비추일 때 우리는 그곳에 용서 이상의 것이 있음을 안다. 그곳에는 은혜가 있다. '당신의 얼굴 빛을 우리에게 비추어주시면 우리가 구원을 받겠나이다.' 은혜를 덧입은 제자 몇 명이 변화산상에서 빛나는 주님의 얼굴을 목도하였을 때, 그 기이함에 얼마나 놀랐는가? 그분의 얼굴이 해처럼 빛났다고 하였다. 대표적인 순교자 스테반에게도 주님은 하늘 문을 여시고 당신 얼굴을 비추어 주셨다. 주님을 본 스테반은 주님과 같은 모습으로 변했고, 죽는 자리에서도 십자가의 주님이 하신 말씀과 같은 말을 하였다. 마찬가지로 사울이 대낮에 본 부활하신 주님의 영광은 해보다 더 밝은 빛 속에 있었다. 그 날 본 광경으로 그의 전 생애가 달라졌다. 그렇게 주께서 그 얼굴빛을 당신의 백성에게 비추어 주시면 그곳에는 도덕적인 변화가 있고, 그분의 모습으로 닮아 변화해 가는 역사가 있다.

13일 성령의 축복

THE BLESSING OF THE SPIRIT

여호와는 네게 복을 주시고 너를 지키시기를 원하며
여호와는 그의 얼굴을 네게 비추사 은혜 베푸시기를 원하며
여호와는 그 얼굴을 네게로 향하여 드사
평강 주시기를 원하노라.
(민수기 6:24-26)

The LORD bless thee, and keep thee:
The LORD make his face shine upon thee, and be gracious unto thee:
The LORD lift up his countenance upon thee, and give thee peace.
(Numbers 6:24-26)

성령의 축복은 축도의 완성에 꼭 필요한 것이다. 그런데 앞서 언급한 축복과 닮아 있는 것에 놀라움을 느낀다. 아들이 아버지를 계시하러 오신 것과 같이 성령은 아들을 계시하러 오셨다는 유사성이 놀랍지 않은가? 그리스도가 진정한 위로자이셨듯이, 성령도 아버지께서 그리스도의 이름으로 보내어 영원히 교회와 함께 거하게 해주신 다른 위로자이시다. 그리스도는 내주하시는 구세주이시고, 성령은 내주하시는 위로자이시다. 그리스도께서 그 얼굴을 비추시는 사람은 누구든

지 틀림없이 성령께서도 그 얼굴을 향하여 드신다.

'그리고 당신에게 평화를 주신다.' 우리는 이 축복을 실제로 받아 즐기고 있는가? 그분이 고요하게 하시면 아무도 시끄럽게 할 수 없는 것을 경험하고 있는가? 그렇지 못하다면 왜그런가?

'내가 주는 물을 먹는 자마다 결코 목마르지 아니하리라'는 말씀에서 받는 축복을 우리는 결코 잊지 못한다. 그리스도께서 하시는 말씀은 한 단어 한 단어가 말씀하신 그대로이다. '결코'는 말 그대로 결코인 것이다. 그 선물을 받아들였을 때, 우리 마음에 기쁨이 차고 넘쳤다. 오, 우리를 주저앉게 만들었던 그 목마름, 그러나 오, 목말랐던 날들이 모두 영원히 지나갔기 때문에 주님을 찬양하면서 자리에서 일어나던 기쁨이 있었다. 주께서는 계속 말씀하신다. '내가 주는 물은 그 속에서 영생하도록 솟아나는 샘물이 되리라.' 아마도 그리스도께서 하신 말씀 전체를 주목해 보는 것이 좋겠다. '마시는 자마다'라는 말씀은 한 번 마시는 것이 아니라 습관적으로 계속해서 마시는 것이다. '그 속에서 영생하도록 솟아나는 샘물이 되리라'고 약속하신 후에 이렇게 끝내신다. '이는 믿는 자의 받을 성령에 대하여 하신 말씀이라.' 즉, 믿는자는 계속 받게 되어 있다. 그리고 '너에게 평강을 주신다.'—그것은 우리 각자를 위한 것이다. 독자 모두가 바로 지금 그 선물을 받기를 바란다.

14일

하나님의 이름
GOD'S NAME

그들은 이같이 내 이름으로 이스라엘 자손에게 축복할지니
내가 그들에게 복을 주리라.
(민수기 6:27)

And they shall put My Name upon the children of Israel;
and I will bless them.
(Numbers 6:27)

하나님께서 자신의 백성에게 축복을 내리시는 목적을 이렇게 계시하셨다. '내 이름이 이스라엘 백성에게 있게 하기 위해서'—다른 말로 하면 그 축복이 그들로 하여금 하나님의 백성이 되도록 하기 위해서라는 것이다.

옛날에는 이름이 성격이나 관계를 묘사하는 의미를 지니고 있었다. 하나님의 다양한 이름은 모두 매우 중요하고, 성경에 보면 언제나 의도적으로 사용되고 있다. 이것을 깨닫지 못하면, 영적으로 잘 모르는 사람들은 구약의 글을 다른 저자들이 쓴 글들을 더 편집해 모은 것이라고 생각한다. 그래서 다른 연관 속에서 다르게 사용된 하나님의

다양한 이름이 얼마나 적절한지 그 아름다운 모습을 놓치고 만다.

여호와의 이름을 세 번씩이나 반복하시는 것은 삼위일체이신 하나님께서 구속하신 백성과 은혜로운 관계를 맺고 계심을 계시하는 것이다. 또한 이 관계 안에서 그분은 변하지 않는 분으로, 어제나 오늘이나 영원토록 동일한 분이심을 우리에게 상기시킨다.

이스라엘은 이전이나 지금이나 세상에 있는 하나님의 증인이다. 늘 불신앙 가운데 있으면서도 그들이 구별된 민족으로 존재하는 자체가 예언의 진실성을 증거하는 움직이지 않는 기적이다. 우리는 현재 그리스도의 이름으로 불리는 그리스도인—즉, 하나님의 자녀이다.

그래서 우리 주인의 증인이 되어야 하는 사람들이다. 이 본문 말씀은 우리 주께서 당신의 백성에게 모든 족속을 제자로 삼아 아버지와 아들과 성령의 이름으로 세례를 주라고 하신 명령과 재미있는 대비가 된다.

'내가 그들에게 복을 주리라'는 말씀은 축복을 받는 백성들에게 뿐 아니라 그 말씀을 선포하는 아론과 그의 아들들에게도 격려가 된다. 그 축복 전에는 명령이 있었고, 그 다음에 약속을 해주셨다. 우리 주님께서 제자들에게 마지막 명령을 하실 때 '볼지어다. 내가 항상 너희와 함께 하리라'고 확신과 약속을 주신 것과 마찬가지이다. 왕이 하시는 말씀에는 능력이 있다.

15일 영원의 빛 가운데
IN THE LIGHT OF ETERNITY

1854년 누이 아멜리아에게 쓴 편지
From a letter to his sister Amelia, dated Sept. 1854

하나님께 감사하자. 그분의 임재 앞에 **언제나** 다가갈 수 있고, 특별히 **가까이**까지 나아갈 수 있으며, 필요할 때마다 그분의 **도우심**을 구할 수 있으니 말이다. 우리에게도 시련이 면제되는 것이 아니고, 어떤 것은 매우 고통스럽고 감당하기 어려운 것도 있다. 그러나 만일 한 명이라도 영원히 죽지 않는 그 한 영혼이, 어둠의 세력에서 구원 받아 그리스도의 품 안으로 돌아오는 일에 내가 도구가 된다면, 나는 충분히 보상을 받았다고 느낄 것이다. 한 사람 뿐 아니라 많은 영혼이 내가 전하는 하나님의 말씀을 통해서 의의 길로 돌아 올 것을 나는 믿는다.

너도 이것을 유사한 고난에 대한 충분한 보상으로 생각해 주지 않겠니? 하나님을 섬기는 일에 자신을 드린다는 것이 무슨 의미인지 너 자신 기꺼이 배우면 좋겠다. 자신을 하나님께서 받으실만한 거룩한 산 제물로 드리면서, 그것이 네가 드리는 합당한 봉사라고 여겨주기를 바란다. 예수님을 위하여 마태복음 28장 19,20 절의 명령에 순종하여 사랑하는 친구들과 조국을 떠나는 것으로 아버지와 어머니, 형제자매, 그리고 집과 토지보다 예수님을 더 사랑함을 증명해 보일 수 있겠니? 그렇다면 마게도니아인의 외침에 귀를 기울여 다오. 그래서 중국에 와서 도와주기 바란다. 수백 만 중국인이 경고를 받지 못하고 배우지 못하며 도움을 받지 못하고 멸망해 가도록 내버려 두고, 평안히 네가 가진 특권을 누리며 좋아할 수 있겠니? 이 문제를 은혜의 보좌 앞에 가지고 가서 영원의 빛 안에서 그 주제의 무게를 생각해 보기 바란다.

오! 우리가 기독교의 축복을 다른 사람에게 전할 수만 있다면, 세상에서 누리는 것이 건강과 평화이든, 안락함과 행복이든, 심지어 생명까지도 기쁘게 드릴 수 있어야겠다. 주님의 일에 전심으로 힘쓰는 일보다 행복을 찾을 수 있는 더 확실한 방법이 없고, 다른 이에게 복음을 전하기 위해 애쓰는 일보다 더 틀림없이 우리에게 축복이 더해지는 길은 없다. 그리고 이것은 행복을 얻는 방법일 뿐 아니라 그 자체가 우리가 누릴 수 있는 가장 순수하고 큰 기쁨인 것이다.

오! 중국을 위해서 설득력 있게 간구할 힘을 주시기를… 이 백성의 상황을 강력하게 그려낼 수 있는 힘을 주시기를….

16일

세미하고 고요한 음성
THE STILL SMALL VOICE

1855년 7월 가족과 사별한 아저씨에게 쓴 편지
From a letter, dated July 1855, to a bereaved uncle

이 세상에서 좋아하는 것과 사랑하는 사람들이 모두 3만km나 떨어져 있는 것이 매우 고통스럽게 느껴질 때가 있습니다. 그런데 아마도 제가 있는 위치 덕분에 어느 정도는 아저씨의 입장에 더욱 진심 어린 공감을 할 수 있는 것 같습니다. 여기에서는 사회나 우정, 그리고 사랑하는 사람들의 도움을 박탈당하는 것이 어떤 의미인지 잘 느낄 수 있기 때문입니다. 특히 외롭고 고독한 제 위치 덕분에 아저씨께서 틀림없이 경험하고 계실 쓸쓸함이 어떤 것인지 저도 느낄 수 있습니다.

사랑하는 아저씨, 아저씨께서도 틀림없이 깊은 물을 지나가실 때 주께서 함께 하시고, 그 용광로를 통과해 가실 때 그분이 버려두지 않으심을 발견하셨겠지요. '약속하신 분이 미쁘시'니까요. 우리 마음이 소중하던 것을 잃고 피를 흘리고 있을 때, 주위는 온통 우울하고 어두우며 세상이 너무도 황량하게 여겨질 때, 그리고 영혼은 슬픔에 잠

겨 안식을 갈망하고 있을 때, 보통 바로 그 때 '세미하고 고요한 음성'이 부드럽게 녹아들며 속삭입니다. '내가 너의 분깃이고 큰 상급이니라.' 또 그때가 바로 변하지 않고 결코 없어지지 않는 분깃에 감사할 수 있을 때입니다.

하나님의 사랑은 얼마나 헤아리기 어려운지요? 참으로 그분의 길은 찾지 못합니다. 얼마나 많은 그분의 섭리가 이스라엘과 애굽 사이에 있던 구름과 같은지요? 믿지 않는 사람들이 바라볼 때는 그저 어두운 구름일 뿐이지만, 주님의 백성된 특권의 눈으로 바라보면 그것은 더 이상 어두움이 아니라 빛이고 안전입니다. 이것이 아저씨의 경험이 되시기를 빕니다. 상처를 내신 손이 치료의 약을 발라주시는 것을 느끼시기를 기도드립니다. 그리고 아저씨의 마음을 텅 비게 하신 주님께서 그 빈 공간을 친히 그분의 임재로 채워주시기를 기도 드립니다.

사랑하는 사람들의 죽음이 얼마나 고통스러운지요! 저는 오늘 아침 작은 중국인 모임에서 요한복음 3:16절을 설교하다가 이러한 생각에 매우 감동이 되었습니다. 하나님께서는 우리를 이처럼 사랑하셔서 우리가 영원한 축복을 유산으로 받을 수 있도록 당신의 하나 밖에 없는 아들을 아끼지 않으셨습니다.

17일

탕자
THE PRODIGAL SON

1855년 믿음에서 떠난 사람에게 보낸 편지
From a letter to a backslider, dated 1855

우리가 함께 지냈던 지난날이 매우 생생하게 기억에 떠오르네요. 함께 했던 공부반 모임, 함께 참석했던 기도회, 종교적인 주제로 함께 나누었던 대화, 그리고 피아노 곁에 둘러서서 가졌던 모임들이 너무도 생생하게 생각이 나서 북받치는 감정을 어떻게 표현하지 못하겠습니다.

은혜의 보좌에 있던 당신을 잊지 못합니다. 당신이 무리를 떠나 방황하는 것을 보며 안타까웠던 적이 많이 있었지요. 그렇지만 당신이 그리스도의 교회를 이 거친 광야에서 참되고 유일한 우리임을 발견하고 우리와 함께 하던 날들을 하나님께 감사드립니다. 그때는 모든 것이 자유롭고 안전했으며 기쁘고 평화로웠지요. 이스라엘의 온유하신 목자께서 당신을 잔잔한 물가로 인도하셨지요. 당신은 가장 좋은 친구를 떠나 방황하지만, 그분은 끊임없이 당신을 돌보고 계십니다. 그분은 당신을 따라가 당신이 있는 위치가 어디인지 느끼게 해주시고,

사랑하시기 때문에 계속해서 복된 것들을 공급해 주시고, 의식하지 못할 때에도 악에서 지켜주고 계십니다.

다시 돌아오세요. 탕자가 하던 것처럼 '내가 일어나 아버지께 가서, 아버지, 내가 하늘과 아버지께 죄를 지었습니다'라고 하세요. 그러면 아직 멀리 있어도 아버지가 보고 달려와 맞아 주실 거예요. 그분은 비난하지 않으시고 누더기를 완전하고 빛나며 닳아지지 않는 그리스도의 의의 옷으로 갈아 입혀 주실 것입니다.

구원에 대해서 분명한 견해를 갖는 것이 매우 중요합니다. 그리스도께서 다 이루신 일을 그분이 현재 하고 계신 일과 성령의 역사와 혼돈하여 생각하지 말기 바랍니다. 대속은 완성된 일입니다. 갈보리에서 끝난 일입니다. 그곳에서 예수께서는 세상에 있는 과거와 현재와 미래의 모든 죄를 담당하셨습니다. 예수께서는 십자가에서 생명을 내놓으시면서 '다 이루었다고' 선포하셨습니다. 예수님의 부활은 그 진리를 능력으로 분명히 하신 사건입니다. 더 이상 지체하지 말고 이 편지를 읽는 즉시로, 죄인의 자리에서 이렇게 고백하세요. '아버지여, 제가 죄를 지었사오니 당신이 약속해 주신대로 예수님 이름으로 저를 용서해 주세요.'

18일   구원 계획

THE PLAN OF SALVATION

내가 기독교인이든, 이교도이든, 무신론자이든, 아니면 내가 믿건 안 믿건 우리의 죄는 대속을 받았다. 이제 내가 정죄하는 것은 내가 죄인이라는 사실 때문이 아니다. 죄인 아닌 사람이 어디 있는가? 다만 빛이 세상에 왔는데도 내가 빛 보다 어두움을 더 사랑한다는 사실 때문이다. 그렇다면 내가 구원을 받기 위해서 무엇을 해야만 하는가?

'주 예수 그리스도를 믿으라. 아들을 믿는 자에게는 영생이 있고 사망에서 생명으로 옮겼느니라.' 만일 내가 내 죄가 너무 막중해서 용서받을 수 없다고 두려워한다면 죄가 모두 완전히 속죄되었다는 사실을 잊고 있는 것이다. 하나님께서 기꺼이 나를 용서하시는 것을 의심하면 그분을 거짓말쟁이로 만드는 것이다. 그분 말씀에 '우리가 우리 죄를 고백하면 그는 미쁘시고 의로우사 우리를 죄에서 용서하실 것이요'라고 했다. '그분이 원하시면'이라고 하지 않고 '그분이 미쁘시고 의로우시기 때문에'라고 했다. 왜 그런가? 우리 빚을 대신 감당하셨다는 것이다. 우리가 고백했는데 그것을 다시 요구한다면 미쁜 것도 아니고 의로운 것도 아니다. 고백하는 것은 우리가 해야 할 일이다.

그런데 만일 내가 '나는 이것을 전부 믿는다. 그런데 내 죄에 대해서 내가 충분히 애통해 하지 않는 것 같다'라고 말한다고 하자. 내가 바라보아야 할 것이 내 감정인가 그리스도의 속죄인가? 내가 해야 할 일은 죄인으로서의 나의 위치를 단순히 인정하는 것뿐이다. 내 죄를 고백하고 예수님의 속죄를 내세웠다면 하나님께서는 미쁘시고 의로우시기 때문에 내 죄를 용서하시고 나를 모든 불의에서 깨끗하게 해 주신다고 나는 믿는다.

또한 하나님은 구하는 자에게 성령을 주신다고 약속하셨다. 그분은 미쁘시기 때문에 내가 원하는 것을 주실 것이다. 그런데 내가 그런 느낌이 들지 않는다는 생각이 든다면 내 구원이 감정에 달려 있지 않고 믿음에 달려 있는 것임을 기억해야 한다. 죄에 대해 느끼는 슬픔이나 용서 받은 기쁨의 감정은, 성령의 열매이지 의롭게 되었다는 근거로 제시할 수 있는 것이 아니다. 사탄은 유혹할지 모르지만 내 닻은 견고하기 때문에 나는 여기에 남아 있는다.

내가 그리스도를 영접하면 그분은 나에게 하나님의 자녀가 되는 권세를 주시고 열매를 맺게 하신다. 나의 용서와 용납은 오직 예수님께서 다 이루신 속죄의 사역 덕분인 것이다. 이제 그분은 나의 중재자이고 변호자이시다. 성령의 열매는 내가 그리스도 안에 있으면서 성령의 선물을 받은 결과로 맺어지는 것이다.

19일

주님의 일터
THE LORD'S VINEYARD

사역자가 필요하다는 편지 – 1855년 10월 25일자
From a letter dated Oct. 25, 1855, on the need of workers

이 충밍 섬은 길이 100km 넓이 30km 정도 되는 크기이다. 인구는 100만에서 200만 사이인데 버든 선교사와 내가 방문한 것 외에는 아무도 발을 디디지 않은 주님의 일터이다. '내 영혼에 대해서 아무도 관심을 가지지 않는다'라고 그곳 주민이 말하지 않을까?

주님의 일터에 일꾼을 부르는 것은 내 몫이 아니다. 추수의 주님만이 그 일을 하실 수 있다. 그런데 영국의 기독교인 중에서 수천 명이 선교회에 가입하고서 자기가 해야 할 의무를 다 감당했다고 생각하는 것은 좋은 징조일까?

한 번도 다가가지 않은 사람들이 수백 만 명이 있고 한 번도 방문하지 않은 마을도 수천 개씩 있다. 방문하는 선교사는 가끔 있지만 결코 다시 그곳으로 돌아가지 않는다. 그들이 메시지를 믿을 것 같은가? 아니면 그저 재미로 놀러왔다고 생각하겠는가? 그 사람들은 생각할 것이다. '이것은 중요하지 않은 외국 교리에 지나지 않는 거야.' 영국

에서는 마음이 굳어 있어서 복음을 받아들이지 않는데, 여기는 그 지식이 없어서 수백 만 명이 죽어가고 있다. 모든 사람이 하나님 앞에서 질문을 해봐야 한다. '상황이 이러한데 내가 본국에 머물러 있는 것이 정당한 일인가?' '내가 그 일에 부르심을 받았는가?' 하고 누군가는 질문을 해봐야 한다. 그렇게 하는 사람이 많은 것이 마땅한 일이다. 왜냐하면 그것이 가장 중요한 질문이기 때문이다. 그런데도 '온 천하에 다니며'라는 명령에 순종하지 않고 '내가 가지 않는 것이 정당한가?'라고 질문하는 사람이 왜 그렇게 적은가?

나는 최근에 감리교 사이에 분리가 일어난 후(1849년 탈퇴), 현지 목사, 리더 그리고 신자들이 그렇게 많이 떠났는데도, 마을에서 사역하는 전도자들에게 기금과 필요한 것들이 곧 거의 다 채워진 것을 보고 매우 충격을 받았다. 어떻게 그렇게 되었는지에 대해서 조금 아는 바가 있지만, 이러한 결론을 내릴 수밖에 없었다. 만일 사람이 그렇게 할 수 있었다면, 이 모든 사역자들이 선교지로 나갔다면 능력의 주께서 본국의 사역이 상실로 고통 받도록 내버려 두셨을까? 나는 당신이 한 번 그렇게 생각해 보기를 권한다. 그럴만한 가치가 있을 것이다.

20일

오직 하나님만 바라보기
LOOKING TO GOD ALONE

1856년 5월 벤자민 브룸홀에게 보낸 편지
From a letter, dated May 1856, to Benjamin Broomhall

자네가 지닌 빛을 따라서 걷는 것이 중요함을 잊지 말고, 그 빛으로 더욱 충만해지도록 기도하기 바라네. 그 일에 부르심을 받았다고 생각한다면, 때와 방법에 대해서는 걱정하지 말게. 주께서 모든 것을 명백하게 해 주실 걸세. 믿음의 눈으로 예수님을 바라보면, 바람과 파도가 친다고 해도 물 위를 걸을 수 있지. 얼마 전 선교회의 기금이 약간 내려간 것 같은데 전쟁 때문이겠지. 그러나 나에게는 영향이 없다네. 다른 경로를 통해서, 나 개인이 쓸 것과 다른 용도로 쓸 것이 들어와서 당분간 선교회에서는 돈을 찾아 쓰지 않아도 되겠네. 아마도 6개월 동안은 손에 쥔 것으로 쓸 수 있겠네.

그리고 바로 지난번에 헌신된 그리스도의 종인 소중한 친구가 편지를 보냈는데, 지난 6개월 동안 100파운드를 보냈고 지금 하고 있는 것에 더하여 무엇인가를 더 돕고 싶다는 의향을 전해 왔다네. 참으로 자네가 진심으로 말한 대로 만일 우리가 하나님의 뜻을 행하고 있다면, 상황이 방해가 되지 못하고 아무런 위험도 그 일을 막지 못하네. 그분이 계획하시는 것을 방해하거나 좌절하게 하지 못할 것이네.

내가 자네에게 다른 사람의 움직임과 상관없이 자네 개인을 위해서 하나님께서 어떤 방향으로 인도하시는지에 대해서 진지하게 기도해 보기를 부탁해도 자네는 이해할 줄 믿네. 모두가 하나님 앞에서 개인적으로 감당해야할 의무가 있지. 다른 사람의 대리인으로서는 바로 그 의무를 감당할 수 없다네. 그 일이 옳든 그르든 다른 사람 때문에 내가 대신 일을 맡을 수도 없어. 우리는 맡겨진 일을 수행하는 데 있어서, 다른 사람을 통해서 우리에게 주시는 모든 도우심에 대해서 하나님께 감사할 수 있고 또 감사해야만 하지. 그러나 다른 사람은 생각하지 말고 우리의 길을 분명히 볼 수 있기 위해 애써보세. 그러면 어떤 시련이나 어려움이 닥쳐도, 그 안에서 위로를 발견할 것이고 육체의 힘을 의지하지 않을 것일세. 주께서 매제를 축복하시고 인도해 주시기를 바라네. 언제나 그분의 신실하심에 흔들리지 않고 기대기를 바라네.

21일

유일한 참 안식
THE ONLY TRUE REST

1856년 8월 어머니에게 쓴 편지
From a letter, dated August 1856, to his mother

어머니께서 사랑으로 해주신 기도가 풍성하게 응답되어 감사드립니다. 시련의 한 가운데서 하나님께서 풍성하게 그 사랑을 보여주셨습니다. 그분의 지원은 위로만이 아니었습니다. 그분의 지혜, 은혜, 능력, 사랑을 한껏 기뻐하도록 해주셨습니다. 그것은 어머니가 조마조마하며 기대했던 보다 훨씬 더 큰 것이었습니다. 오, 정말입니다! 오직 주께서 그분의 사랑을 나타내 보이시면 슬픔 가운데 기뻐하고, 시험을 당해도 위로를 받으며, 곤란을 당하나 넘어지지 않고, 사별을 해도 절망하지 않습니다.

저는 맥스웰 부인처럼 '그분께 내 모든 마음을 드렸다'고 고백하지는 못합니다. 제가 너무 무력하고 무능하기 때문에, 세상에서 좋아하는 것을 완전히 억누를 수 없고 흙에 지나지 않는 것에서 떨어질 수가 없습니다. 그러나 이렇게는 기도드릴 수 있습니다. '주님, 그것을 가져가세요, 다 가져가세요. 주님이 다시 오실 때까지 그것을 간직해

주세요'

(모든 것을 다 도둑맞았다고 한참 설명을 한 후에 그는 계속한다.) 어떤 때는 제가 정착할 수나 있을까 의심이 들기도 합니다. 거할 곳이 속히 안정되었으면 좋겠습니다. 그리고 동료가 있어서 모든 기쁨과 슬픔, 수고와 격려를 함께 나눌 수 있으면 얼마나 좋을까요? 그러나 유일한 참 안식은 예수께서 어디로 가시든지 그분을 따라가는 것이고, 참된 휴식은 그분과 함께 일하는 것입니다. 그래서 조용한 삶을 고대하다가도 일주일만 지나면 또 가서 예수님의 사랑을 전하고 싶어집니다.

어머니는 고향에서 완전히 혼자가 된다는 것이 어떤 것인지 결코 모르실 겁니다. 친구 한 명도 없이 모두가 어머니를 바라본다고 생각해 보세요. 호기심, 경멸, 의심, 혐오의 눈으로 저를 바라보는 겁니다. 그래서 사람에게 멸시 받고 거절당하는 것이 무엇인지를 배웁니다. 머리 둘 곳이 없다는 의미도 배웁니다. 그러면 성령께서 예수님의 사랑- 그분의 거룩하고 자기를 부인하는 그 사랑을 마음에 주셔서 올 가치가 있었다는 고백을 하게 됩니다.

오! 예수님와 그분의 부활의 능력, 그 고난에 참예함을 더욱 알고 그분의 죽으심을 더욱 본받기를 소원합니다. 육신은 이렇게 말할 것입니다. '네가 무엇을 구하는지 알지 못하는구나, 그런 기도는 드리지 말지.' 그러나 '하나님은 사랑'이십니다.

22일 주의 행사를 말하리라.
I WILL TALK OF THY DOINGS

1856년 9월 누이 아멜리아에게 보낸 편지
From a letter to his sister Amelia, dated Sept. 1856

옛 시편 기자는 '오, 나와 함께 주를 광대하시다 하며 주의 이름을 높이세!'라고 했다. 그것은 지금도 주의 백성들이 경험하는 말씀이다. 그분은 우리에게 서로 권하여 모이기를 폐하지 말라고 하셨다. 그리스도인들에게는 교제가 필요하다. 옛적에 '주를 경외하는 자들은 자주 서로가 서로에게 말을 하였다' 비교적 짧은 세월 내에 감리교가 본국에서나 해외에서 현재의 위치에 도달하게 된 것은 틀림없이 바로 이 원리를 따랐기 때문이다. 우리는 예수님을 소중히 느끼는 것도 필요하지만 측량할 수 없는 그분의 가치에 대해서도 입을 열어 말해야 한다. 그분의 사랑을 경험할 뿐 아니라 동시에 그분이 인생을 다루시는 방식에 대해서도 말해야 한다. 그래서 시험의 때에 서로의 짐을 져주어야 한다. 그것은 목사에게나 일반 백성들에게, 또 본국에 있는 사람들에게나 선교사들에게 모두 필요한 일인데도, 실제 그렇게 하기는 매우 어렵다.

'그러므로 사랑을 받는 자녀 같이 너희는 하나님을 본받는 자가 되고 그리스도께서 너희를 사랑하신 것 같이 너희도 사랑 가운데서 행하라 그는 우리를 위하여 자신을 버리사 향기로운 제물과 희생제물로 하나님께 드리셨느니라'는 말씀을 오늘 좀 생각하고 있었다. 이 말씀에서 얼마나 많은 것을 배울 수 있는지!

우리가 그분을 따르려고 한다면, 다른 이의 범죄를 용서할 수밖에 없고 악을 거부하지 않을 수 없다. 대신에 이타적이고 희생적인 사랑을 가지고 모든 사람들, 심지어 원수까지라도 그들이 잘 되기를 구해야 할 것이다. 예수님은 우리를 위해서 당신의 능력과 영광, 명예와 통치, 기쁨과 부요함을 충만히 남겨주셨다. 그러니 우리가 어떻게 이방인의 복지를 구하지 않고 동료 기독교인의 선을 위해 구하지 않을 수 있겠는가?

어떻게 그렇게 많은 그리스도인들이 자신을 드려야 함에도 불구하고 선교회에 기부를 하는 것으로 만족할 수 있는가? 사탄은 참으로 교묘하고 강력한 방식으로 방해를 한다. 오, 우리가 모두, 주님이 현재의 분깃이 되시는 것을 깨달을 수 있으면 좋겠다. 미래만이 아니라 우리가 현재 받을 수 있는 분깃으로 말이다. 그러기만 한다면 많은 사람들이 이방인에게 복음을 전하는 일에 자신을 드릴 것이라고 생각한다. 주께서 너희를 축복하시고, 그분을 섬길 힘을 주시며 빛나게 타오르는 빛이 되게 해 주시기를 빈다.

23일 하나님께 드리기를 보류하는 것
ON WITHHOLDING FROM GOD

기꺼이 딸을 포기하지 못하는 아버지에게
To a father unwilling to give up his daughter

제가 너무 이기적이고 무감각해서 아버님이 느끼실 고통을 생각하지도 못하고 공감하지도 않는다고 생각하지 말아 주시기를 바랍니다. 그렇게 사랑하는 자녀와 헤어질 때 얼마나 괴로우실지 알고 있습니다. 따님의 안전을 걱정하며 두려워하시는 모습도 제 마음에 생생하게 그려집니다. 그럼에도 불구하고 아버님께서도 독생자를 주신 하나님께 따님을 드리지 못하겠다고는 하실 수 없고 그렇게 하지도 않으실 것으로 압니다. 그 따님은 아버님께 가장 아름답고 특별한 보물이지요? 그러면 주님께 제단 앞에 드릴 수 있는 그러한 자녀가 있는 것에 기뻐하십시오. 그분께서 절거나 흠이 있는 제물을 받으시겠습니까? 아니지요! 하나님께는 양떼 중에서 처음 난 것을 순전하고 흠 없는 것으로 드려야 하지요. 그분께서는 그러한 제물만 받으실 것입니다.

아버님께 이삭을 죽여서 바치라고 하시지 않고 주님께 사무엘과 같이 드리라고 하실 때, 우리가 청지기일 뿐임을 기억하시고 충실한 청지기가 되어 주실 것을 의심하지 않습니다. 우리는 하나님을 따르는 자로 부르심을 받았습니다. 그분은 세상의 생명을 위해서 당신의 아들을 기쁜 마음으로 주셨습니다. 우리는 예수님을 사랑하는 자들로서 '온 천하에 다니며 만민에게 복음을 전파하라'는 그분의 명령을 따르라는 말씀을 받았습니다. 아버님께서는 하나님께서 따님을 은혜로 부르셔서 그분을 섬기라고 하시는 것을 막지 않으시겠지요. 따님이 가는 길을 어쩌면 세상은 알아주지 않을 것입니다. 세상은 머리에 화관을 씌워주지 않을 것이고, 그 길에는 장식이나 위엄도 없을 것입니다. 그러나 유일하게 참된 주권자이시고 왕의 왕, 주의 주가 되신 분의 대사가 되는 것보다 영예로운 일이 또 어디 있겠습니까? 그리고 이 후에는 결코 시들지 않는 영광의 면류관이 있습니다.

위에서 주신 지혜로 밝혀진 우리 영혼들이 알지 못하는 영혼들에게 생명을 등불을 비추지 않고 갖고 있겠습니까? 우리가 그럴 수 있을까요? 그렇다면 지금은 우리가 아직도 하나님을 무시하다가 고통 가운데 있는 자들인지 아닌지 먼저 우리 자신을 살펴보아야 할 것입니다. 우리는 자신의 영혼이 얼마나 가치가 있는지를 아는 사람을 원합니다. 자신이 얼마나 무서운 운명에서 피해 나왔는지를 알고 감사하는 사람, 자기들을 위해 하늘에 영광스러운 유업을 간직하셨음을 기쁨으로 깨닫고 있는 사람, 그리고 아직 어두움에서 벗어나지 못한 사람들의 상태에 대해 아는 사람을 원합니다.

24일 인간과 하나님의 사랑
HUMAN AND DIVINE LOVE

누이 아멜리아의 결혼에 붙여
To his sister Amelia on her betrothal

네가 약혼을 통해서 영적인 유익을 얻는 기회가 되면 좋겠다. 너는 아마도 그렇게 하고 있겠지. 또 그래야만 하고. 이러한 감정은 하나님께서 마음에 심어주신 것이고, 관련된 모든 환경도 현세의 행복뿐 아니라 지고의 영적 선을 주시려고 그분이 허락하신 것이야. 그래서 그러한 모든 상황을 통하여 주시려는 축복을 받는 것이지. 성령께서는 그러한 감정을 하나님과 하나님의 백성 사이의 사랑과 관계를 예표하는 것으로 성경 도처에서 사용하고 계시다.

남편을 사랑하는 만큼, 아니 그 이상으로 예수님을 사랑해야한다. 그가 너를 떠나면 슬프고 외롭니? 예수님이 안 계실 때도 그렇게 되어야 한다. 연합의 완성을 사모하니? 예수님이 다시 오셔서 너를 데리고 가실 날도 그렇게 사모해야 한다. 아낌없이 남편을 섬기고 있니? 아니 그 용어는 너무 계산적이어서 냉정하지 않느냐고 말하겠지. 그래 아낌없이 맘껏! 그것은 기쁨이고 즐거움이며 마음에 소원하는 바이지.

너는 바로 그렇게 예수님을 섬겨야 한다. 너희들이 하나가 되는 것을 방해하는 것은 제거하고 속히 하나가 되기 위해 무엇이든 하겠지? 그렇게 주님의 재림을 바라보고 재촉하기 바란다. 모든 일에서 예수님을 보아라, 그러면 모든 것에서 축복을 발견할 것이다.

예수님을 앙망해라! 모든 일을 그분을 위해서, 그분 안에서 하는 것처럼 그분의 안내와 그분이 주시는 힘을 받아서 해라! 그리스도는 모든 것이 되시고 모든 것 안에 임재해 계신다. 그리고 참으로 그분께서 너에게 당신을 친히 풍성하게 계시해 주시기를 빈다.

이 주제에 대해서 긴 강의를 하는 것으로 생각하겠지. 그러나 나는 네 결혼의 행복은 이러한 것을 깨닫고 실천하는 데 있다고 확신한다.

남편은 그리스도께서 교회를 사랑하신 것 같이 너를 사랑해야 하고 너는 교회가 그리스도께 사랑과 영예와 순종을 드리는 것처럼 남편을 사랑하고 존중하며 남편에게 순종해야 한다. 그렇지 않으면 하나님이 의도하신 축복을 받지 못할 것이다. 그리고 또 하나는 너는 무엇을 하든지 하나님의 영광을 위해서 해라. 그분의 영광을 찾고 그분의 뜻을 행하면 행복은 덤으로 주어질 것이다. '제 뜻대로 마옵시고 당신의 뜻대로 하소서!'라고 실제로 자주 구하는 것이야말로 가장 유용한 기도일 것이다.

하나님의 전진前進 계획

GOD'S PLANS GO FORWARD

25일

1857년 4월에 어머니께 보낸 편지
From a letter to his mother, dated April 1857

지금 중국은 위기의 때입니다. 나라가 열릴 수도 있고 곧 닫힐 수도 있습니다. 우리는 기회가 있을 때 일을 해야 합니다. 그리고 만일 하나님의 섭리로 우리가 잠시 일을 멈춰야 한다면 그분께서는 이미 심은 씨앗을 파종자의 도움이 없어도 싹이 나게 하실 것입니다. 그분의 전진 계획은, 이 시기 우리에게는 매우 상황에 역행하는 것으로 보일 수 있지만, 그 생각은 우리의 불완전한 머리에서 나온 것입니다. 우리가 은혜에서 자라서 우리 주인이 쓰실 만한 그릇이 되게 해주시기를 빕니다. 그러면 주께서는 곧 우리 구주 되신 하나님의 영원한 왕국에 들어가는 문을 열어 주실 것입니다.

우리에게는 분깃이 있습니다. '우리를 사랑하는 분은 우리의 것이고 우리는 그분의 것입니다', '그분은 아무런 점이나 흠이 없어서 인자들보다 더 아름다우십니다', '그분의 이름은 쏟아진 향기와 같습니다.' 우리에게 더 많이 주님을 계시해 주소서. 날마다 그분을 더욱 많이 보게 하소서. 비록 어두운 거울을 통해서라도 그분을 바라보면서 그분을 더욱 닮아가게 하소서. 그분과 함께 있기를 사모하고 그분처럼 되기를 사모하게 하소서. 그분처럼 죄에서 해방되어 그분처럼 순결하고 거룩하며, 그분처럼 하나님을 기쁘시게 하고 그분처럼 슬픔, 고통, 눈물에서 벗어나게 하소서. '우리는 깨어날 때에 그분의 형상으로 만족할 것입니다', '그분 앞에는 충만한 기쁨이 있고 그 오른 손에는 영영한 희락이 있습니다.'

저는 최근에 많은 시험이 있었습니다. 모든 일을 하나님의 영광을 위해서 하지만, 하는 일마다 자아와 죄가 섞여 있습니다. 오! 우리에게는 우리 예수님이 얼마나 꼭 필요한 분이신지요. 몰락한 죄인에게 완전한 의가 되시고, 더러운 누더기 대신에 빛나는 옷이 되어 주십니다. 불쌍한 자에게 금, 곧 제련한 정금이 되시고, 눈먼 자에게는 시력이 되십니다. 귀하신 예수님을 더욱 사랑하게 하소서. 세상을 향해 죽음으로 더욱 우리의 사랑을 나타내게 하소서. 얼마 안 되어 우리는 더욱 순결하고 더 강렬한 사랑으로 사랑할 것이고, 우리 앞서 가신 주님의 발자취를 따라가기에 합당하다고 여겨주시기 때문에 기뻐할 것입니다. 그분은 지금 우리를 위해서, 휘장 안에서 우리 죄를 위한 희생을 가지고 항상 간구해 주고 계십니다.

26일 인도를 구할 때
ON SEEKING GUIDANCE

1857년 4월 장래 매제가 될 B.B에게
To his future brother-in-law, B.B. under date April 1857

나는 몇 가지 면에서 자네가 해외 선교에 헌신하는 일에 아직 마음을 정하지 못하고 있는 것이 유감이네. 그러나 마음속에 그렇게 오랫동안 강하게 그 마음을 품고 있으니, 그 자체가 일종의 징조라고 생각되어 기쁘다네.

우리가 그 시기를 언제로 정할지는 생각하지 말고 길든지 짧든지 주님의 시간을 기다리는 것이 좋겠네. 그러면 주께서 당신의 때가 되면 우리에게 해야 할 일을 보여주시겠지. 믿음으로 걷는다고 해도 언제나 가야할 길의 문이 열릴 것이라고는 기대하지 말게. 이스라엘 백성이 광야에 있을 때, 하나님께서 그 길을 인도해 주셨네. 백성들은 구름이 언제 신호로 떠올라서 떠나야 하는지, 그것이 낮일지 밤일지 알지 못했지. 구름이 떠오르면 어느 방향으로 얼마나 멀리 가야하는지도 알지 못했어. 민수기 9장의 설명을 읽어보게. 하나님께서 우리를 인도하실 때도 마찬가지이지. 불신앙의 눈으로 보면 어떤 때는 시간

낭비를 하고 있는 것도 같고 뒤로 가는 것 같이 보일 때도 있을 것이네. 실제로 뒤로 물러갈 수도 있고. 그러나 그것이 주님의 방법이며 결국 그 끝은 약속의 땅이지.

진지하게 그분의 뜻을 알려는 단순한 소원을 가지고 기도하며 그분의 인도를 기다리는 것은 절대로 낭비하는 시간이 아니네. 오히려 이러한 마음과 믿음의 훈련은 육신에는 견디기 어려운 일일지 몰라도 인간이 고안한 모든 신학 강의보다 확실히 더 효과적인 훈련이 될 것이네. 계속해서 예수님을 앙망하며, 그분의 충만함을 받고, 그분의 가르침에 취하며, 그분의 자취를 따라 가기 바라네. 그러면 빛과 기쁨, 그리고 자유가 자네의 것이 될 것이네.

만일 계속해서 진지하게 선교를 위해서 기도했는데 아직도 그것이 자네 마음에 머물러 있거든, 그것을 버리려고 하지 말게. 내가 이렇게 덧붙여도 좋겠나?―내 마음에 그런 이유가 매우 무겁게 차지하여 큰 부담이 되던 때가 있었기 때문이네. ―만일 선교회나 종교 단체 때문에 어렵고 방해가 된다면 자네의 양심에 무리하게 강요하지는 말게. 어떤 식으로든 금전적인 것이 문제가 되지 않도록 하게. 주께서 공급해 주실 것이네. 그분께서 그렇게 말씀하셨고 그것은 나나 많은 사람들이 경험해서 증명한 것이라네.

27일 나의 하나님이 공급하시리라
MY GOD SHALL SUPPLY

1857년 4월 장래의 매제에게
To his future brother-in-law, under date April 1857

다른 곳에서는 공개하지 못할 말을 하겠네. 나는 급료를 정하고 이곳에 왔는데 그것이 부족하였네. 그래서 한 동안 매우 고통스럽고 견디기 어려운 상태였지. 그렇지만 주께서 다른 방법으로 돕는 손길을 보내주셨네.

그때 이후로 선교회는 내게 필요한 것을 그 근사치만큼도 보내주지 못했는데, 나는 여러 다른 경로를 통해서 공급을 받았을 뿐 아니라 다른 사람이 필요할 때 도와주기까지 할 수 있었네. 선교비는 내 개인 경비나 개인 선교비를 제외하고도 전부해서 일 년에 £100 이상 필요하다네. 내가 이 말을 하는 것은 자랑하고 싶어서가 아니라 주님을 신뢰하는 것은 헛된 일이 아님을 보여주고 싶어서이네. 영광은 그분이 받으셔야 하는 거지.

올해 내가 개인적으로 쓴 비용은 그리 많지 않았다는 말을 덧붙여야겠네. 도둑맞은 것이 £50 이상이었고 그 중 많은 부분을 채워 넣어야 했지. 주님은 필요할 때 돈을 주시네. 자네도 알다시피 어떤 때는 한 달 비용이 다른 때의 세 배나 되어 우리가 감당할 수 없을 때도 있어. 이제 우리 아버지는 우리가 필요한 것도 아시고 당신 백성이 부르짖어 기도하는 것도 들어주시네. 선교회와 연관 없이 또는 아무런 급료 없이 자네를 나오라고 재촉하지 않으려네. 그렇지만 그렇게 연결되지 못하는데도 부르심이 있어서 오려고 한다면 아버지의 사랑을 믿고 자유롭게 기쁜 마음으로 오게나. 부르심이 있다면 그것이 가능할 것이고, 그분에 대한 이러한 신뢰가 없다면 여기에서 매우 어려울 것이네. 내지로 더 들어간다면, 사역의 성격 상 인간에게 기댈 수 있는 어떤 보호막도 없기 때문일세.

내 마음이 싸늘하고 열심히 부족해서 많이 자책하고 있네. 오! 예수님께서 휘장을 걷으시고 당신의 아름다움을 우리에게 밝히 보여주시면 참으로 행복하겠네. 오! 지금도 믿음으로 우리의 소중한 예수님을 계속 바라볼 수 있고, 그분의 말씀을 받을 수 있으면 정말 좋겠네. 사람이 해 주는 설명은 아무런 소용이 없네.

28일

전적全的인 순종
ENTIRE SUBMISSION

1857년 5월 누이 아멜리아에게 쓴 편지
From a letter to his sister Amelia, dated May 1857

    오늘 밤 너와 30분이라도 이야기를 할 수 있었으면 좋겠다. 하고 싶은 이야기도 많고 듣고 싶은 이야기도 많구나. 자유롭게 교제할 수 있는 사람을 얼마나 소원했는지 모른다. 그러나 아버지께서는 현재로서는 그런 것이 없는 것을 가장 좋게 여기시니 나는 감사함으로, 비록 육체는 거역하지만, 고통스러운 하늘의 섭리 가운데 있는 그분의 사랑을 받을 것이다. 보이지 않는 것들의 증거인 믿음이, 세상을 이기는 승리를 우리에게 주고 그분—비록 '받으신 고난으로 온전하게 되신 아들이지만—을 따르기에 합당하게 여겨주신 것에 대해서 기뻐할 수 있게 해 준다. 어떤 때는 우리에게 닥친 시련이 우리 힘의 한계를 넘어가는 것으로 보였지만, 그분은 기꺼이, 그리고 능히 우리를 도우시고 지탱해 주지 않으신 적이 없었다. 그래서 우리 마음이 그분의 뜻에 전적으로 순종하고 그 뜻이 이루어지기만을 소원하게 되있다. 그러자 우리에게 당한 환난이 얼마나 적고 가벼워 보이는지!

최근에 매우 큰 시련을 겪었다. 주된 원인은 내가 하나님의 손에 온전히 순종하고 수동적이 되는 태도가 부족했기 때문이었다. 오! 전심으로 그분의 뜻이 이루어지기를 소원하고, 오로지 그분의 영광을 구하며, 우리의 소중한 예수님의 충만을 더욱 깨닫고, 더욱 그분의 얼굴빛에서 살며, 그분이 주는 것에 만족하기를 소원한다. 그분이 주시는 은혜에 감사하고, 언제나 그분을 앙망하며, 그분의 자취를 따라 걷고, 그분께서 속히 다시 오시기를 간절히 기다릴 수 있게 되기를… 제발 그렇게 되기를 간절히 소원한다.

우리는 왜 그렇게 주님께 대한 사랑이 적은지? 그분이 사랑스럽지 않아서가 아니다. 그분은 매우 사랑스러우셨다. 완전히 사랑스러우셨다. 그분이 우리를 사랑하지 않아서도 아니다. 그 사랑을 갈보리에서 보이지 않으셨는가? 오, 시간마다 순간마다 그분의 임재를 사모하며 배고파하고 목말라하기를 소원한다. 하나님께서 나의 필요를 모두 채우시고, 예수님께서 나의 모든 기쁨이 되시며, 그분을 섬기는 것이 나의 소원이게 하시고, 그분 안에 안식하는 것이 내 모든 희망이기를 기도드린다.

29일 흘끗 본 하나님의 영광
A GLIMPSE OF HIS GLORY

1854년 10월 19일 새벽 4시
몹시 어려움을 겪던 상황에서 누이 아멜리아에게 보낸 편지

A letter written amist much peril,
4 a.m. October 19, 1854, to his sister Amelia.

하나님의 위대하심을 묵상할 때 숭고해진다. 그분의 지혜, 권능, 무소부재하심은 모두 우리가 즐겨 상고하는 것들이다. 왜 그런가? 그것은 우리가 매우 잠깐 희미하게나마 하나님의 영광의 광채를 보았기 때문이다. 그 영광은 예수 그리스도의 얼굴에서 하나님의 인격이 표현된 것이었고 갈보리에서 배운 것이었다. 하나님은 사랑이시라고. 그러한 이유 때문에 우리는 그분의 다른 속성을 또한 즐겨 묵상한다. 그것은 곧 하나님 아버지의 속성이기도 하기 때문이다. 그렇게 묵상할 때 우리의 얼음 같은 마음은 다시 불타오른다. 그러한 생각을 하면 눈물샘이 터져 나오고 마음이 녹아내려 사랑과 감사로 경배하게 된다. 오! 그러한 것들이 우리 대화의 가장 가치가 있는 주제가 되기를 바란다. 순간이라도 가려지거나 초점을 잃지 않게 되기를 바란다.

이 지식을 이방에 알리지 않겠는가? 이 영광스러운 진리를 사람들 앞에 선포하지 않겠는가? 하나님, 도우소서! 이 반역하는 마음에 거룩한 불로 세례를 주소서! 이 입을 열어 주소서! '우리를 사랑하신 그분'께 전적으로 헌신하는 마음이 흘러넘쳐 그 감정을 명료하게 전달할 수 있게 하소서!

30일

다윗의 기도
THE PRAYER OF DAVID

홀로 기이한 일들을 행하시는 여호와 하나님
곧 이스라엘의 하나님을 찬송하며,
그 영화로운 이름을 영원히 찬송할지어다.
온 땅에 그의 영광이 충만할지어다. 아멘 아멘.
(시편 72: 18, 19)

Blessed be the LORD God, the God of Israel,
who only doeth wondrous things.
And blessed be his glorious name for ever:
and let the whole earth be filled with his glory; Amen, and Amen.
(Psalm 72: 18, 19)

이 기도는 살아계신 하나님의 교회에서 아직도 드려야할 기도이다. 하나님이 우리에게 주시는 놀라운 기회와 축복으로 인하여 주님의 영광스러운 이름을 송축한다. 그러나 이 기도는 아직 성취되지 않았고 복음이 전해지지 않은 나라가 남아 있는 한, 아니 아버지께서 아들에게 주신 '다른 양'이 하나라도 남아 있는 한, 이루어지지 않은 것이다. 그 다른 양이 그분의 목소리를 듣고 죄의 어두운 골짜기에서 나와 안전하게 우리에 들기 전에는, 그들이 돌아오는 일로 인해 선한 목자와 그분을 사랑하는 사람들이 기뻐하기 전에는 이루어지지 않은 기도이다.

그 동안 그분은 일을 하고 계시다. "내 아버지께서 지금까지 일하시니 나도 일한다." 그리고 그분은 '그 일을 마치고' 온전하게 된 신부를 자신에게 데려오기 전까지는 쉬지 않으실 것이다. 선한 목자는 잃은 양을 찾기까지 찾으실 것이다. 자기 양이 어두움의 왕국에서 방황하고 있는데 그분이 어떻게 쉬실 수 있겠는가? '내 머리에는 이슬이, 내 머리털에는 밤이슬이 가득하였다.' 멸망해 가는 사람들을 구원하는 이 복된 일에서 그분과 더욱 깊은 교제를 나누지 않겠는가?

허드슨 테일러의 기도

A PRAYER OF HUDSON TAYLOR

1958년 7월 9일 닝보에서 쓴 편지에서
Found in a letter dated Ningpo, July 9, 1958

복되신 예수님, 친히 심장의 피를 흘리심으로 당신의 몸된 지체들을 구원해주신 주님, 당신의 성령으로 더욱 충만히 당신의 백성에게 세례를 베풀어 주소서! 그래서 지식이 없어서 멸망해 가는 이 백성도 살아 있는 만나를 배불리 먹고 생명의 빛을 가질 수 있게 하소서!

BLESSED Jesus, who did'st with Thine own heart's blood redeem each one of Thy members, wilt Thou not with more of Thine own Sprit baptize Thy people, that this people, perishing for lack of knowledge, may also be fed with living manna, and have the light of life!

 1865년 허드슨 테일러가 창설한 중국내지선교회 CIM: China Inland Mission 는 1951년 중국 공산화로 인해 철수하면서 동아시아로 선교지를 확장하고 1964년 명칭을 OMF Overseas Missionary Fellowship INTERNATIONAL로 바꿨다. OMF는 초교파 국제선교단체로 불교, 이슬람, 애니미즘, 샤머니즘 등이 가득한 동아시아에서 각 지역 교회, 복음적인 기독 단체와 연합하여 모든 문화와 종족을 대상으로 예수 그리스도가 구세주이심을 선포하고 있다. 세계 30개국에서 파송된 1,300여명의 OMF 선교사들이 동아시아 18개국의 신속한 복음화를 위해 사역 중이다.

OMF 사명
동아시아의 신속한 복음화를 통해 하나님을 영화롭게 하는 것이다.

OMF 목표
하나님의 은혜를 통하여 동아시아의 모든 종족 가운데 성경적 토착교회를 설립하고, 자기종족을 전도하며 타종족의 복음화를 위해 파송되는 것을 목표로 한다.

OMF 사역중점
우리는 미전도 종족을 찾아간다.
우리는 소외된 사람들에게 관심을 갖는다.
우리는 복음을 전하는 일에 주력한다.
우리는 현지 지역교회와 더불어 일한다.
우리는 국제적인 팀을 이루어 사역한다.

OMF INTERNATIONAL-KOREA
한국본부: 137-828 서울시 서초구 방배본동 763-32 호언빌딩 2층
전화: 02-455-0261,0271/ 팩스 • 02-455-0278
홈페이지: www.omf.or.kr
이메일: omfkr@omfmail.com